KB253847

브랜드 구성 요소에 대한 소비자 반응 연구

-브랜드명과 심볼을 중심으로-

브랜드 구성 요소에 대한 소비자 반응 연구

-브랜드명과 심볼을 중심으로-

정 강 옥 著

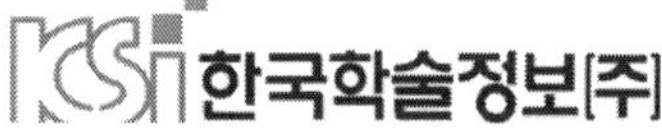

책 머리에

본 연구는 브랜드를 구축하는 과정인 브랜딩에 있어 브랜드의 핵심 구성 요소인 브랜드명과 브랜드 심볼을 연구 대상으로 하여 소비자 브랜드 반응을 이론적, 실증적으로 분석한 논문이다. 브랜드에 대한 기존 연구의 대부분이 브랜드 자산이나 브랜드 확장에 초점을 맞추어 연구가 이루어졌다. 이에 따라 브랜드 구성 요소 자체 특성에 대한 연구가 상대적으로 부족하다는 문제 인식에서 본 연구를 시작하였다. 본 연구는 일치성의 차원에서 브랜드명의 관련성과 브랜드 심볼의 기대를 독립 변수로 하고 소비자의 제품 지식을 조정 변수로 하여 이에 관련된 이론 연구를 통해 가설을 수립하였다. 그리고 종속 변수인 소비자 브랜드 반응 자료는 실험 방법에 의한 집단간 비교를 통해 획득하였으며 이 자료를 분산분석(ANOVA) 방법을 이용하여 분석하였다. 본 연구를 통해서 나타난 연구 결과를 브랜드명, 브랜드 심볼, 소비자 제품 지식의 차원에서 요약 정리하면 다음과 같다.

첫째 소비자 브랜드 반응은 브랜드명 관련성에 따라 다르게 나타나는 것으로 밝혀졌다. 기존 연구의 상당수가 소비자 반응을 재인이나 회상과 같은 인지 반응에 초점을 맞춘 것에 비하여 본 연구는 브랜드명의 관련성이 소비자의 감정 및 행동 반응에 미치는 영향에 초점을 맞추었다. 연구 결과로 브랜드명의 관련성이 높은 경우에 브랜드 이미지, 브랜드 태도, 품질 평가, 구매 의도 등과 같은 브랜드에 대한 감정 및 행동 반응 모두가 낮은 경우보다 유의적인 수준에서 긍정적으로 나타났다. 따라서 관련성이 소비자의 인지 반응 뿐만이 아니라 소비자의 감정 및 행동 차원에도 긍정적인 영향을 미친다는 것이 밝혀졌다.

둘째 브랜드 심볼에 대한 소비자 브랜드 반응에서 심볼 기대가 그 정도 차이에 따라 소비자의 감정 및 행동 반응에 유의적인 영향을 미치는 것으로 나타났다. 기존의 연구에서는 기대했던 경우와 기대하지 않았던 경우와 같이 기대를 2가지 차원으로 구분하여 분석하였다. 하지만 본 연구에서는 기대를 3가지 차원(기대가 높은 경우, 중간인 경우, 낮은 경우)으로 구분하여 이에 따른 소비자 브랜드 반응을 연구한 결과, 기대가 중간인 경우, 기대가 높은 경우, 낮은 경우의 순서로 긍정적인 반응을 보이는 것으로 나타났다. 따라서 기대와 소비자 반응과의 관계가 기존의 역비례의 선형 관계가 아닌 역의 J자 형태의 비선형 관계임을 본 연구를 통해서 밝혀 냈다.

마지막으로 소비자 제품 지식이 브랜드명과 브랜드 심볼에 대한 소비자 브랜드 반응에 유의적인 영향을 미치지 못하는 것으로 나타났다. 이것은 지식이 높은 전문가나 낮은 초보자의 경우에는 비본질적인 제품 속성이면서 주변 단서인 브랜드와 같은 단서를 활용하는 정도가 중간자보다 높다는 기존 연구와 상충되는 결과이다. 이에 대한 설명으로 브랜드 친숙성과 브랜드 관련 정보의 신뢰성에 대한 소비자 회의를 들 수 있을 것이다.

향후 연구에서는 브랜드명과 심볼의 일치성에 대한 소비자 반응에 영향을 미칠 수 있는 제품 특성, 소비자 개인 특성, 브랜드 관련 마케팅 활동 등을 고려한 실증 연구가 이루어져야 할 것이다.

차　　례

표 차례

그림 차례

제1장 서 론

제1절 문제 제기

"장미가 만일 장미가 아닌 다른 이름으로 불려 졌다면 장미의 향기가 지금처럼 향기롭게 느껴지지는 않았을 것이다. 사람은 자신이 기대하는 것을 보게 될 뿐만 아니라 자신이 기대하는 향기를 맡게 되기 때문이다. 향수 마케팅에서 브랜드명을 정하는 것이 가장 중요한 의사결정 사항이다"

Al Ries and Jack Trout, Positioning, 1981

"브랜드를 구축하는 것은 과학과 예술 모두이다"
Liz Dolan, Vice-President of Marketing Communication, Nike,

1998

소비자들은 매일 브랜드를 접하고 있으며 자신들이 필요로 하는 제품을 브랜드를 통해 구매하고 소비, 처분하고 있다. 생활용품과 같은 일반 소비재에서부터 전문 산업재까지 거의 모든 제품이 고유의 브랜드를 가지고 있다. 기존에 브랜드가 사용되고 있지 않던 농산물, 축산물 등과 같은 원료성 제품들도 점차로 브랜드화가 이루어지고 있다(Stobart, 1994). 브랜드는 기업과 소비자를 연결하는 기본 매개체이기 때문에 기업과 소비자 모두의 입장에서 매우 중요한 역할을 한다. 기업들은 브랜드를 사용하여 시장에서 자사의 제품을 소비자에게 호소하고 있으며 브랜드를 통해 보다 나은 성과를 달성하기 위해 노력한다. 소비자는 정보처리 및 의사결정의 효율성을 이루고 자기 만족을 향상시키기 위하여 브랜드를 의사결정의 기준으로 이용한다.

이와 같이 브랜드가 매우 중요함에도 불구하고 기업들이 브랜드의 중요성을 제대로 인식하게 된 것은 1980년대 이후부터이다. 이전에는 브랜드를 제품을 구성하는 요소로 파악하여 제품과 브랜드에 대한 기초적인 연구가 이루어졌다(Gardner and Levy, 1955). 가드너와 레비(Gardner and Levy, 1955)는 브랜드와 제품과의 관계에서 소비자는 감성적, 정서적 기호로서 브랜드를 받아들이고 제품을 실제적, 기능적인 존재로 인식한다는 견해를 제시하면서 소비자가 제품들간에 물리적, 기능적인 차이가 없는 데도 불구하고 특정 제품군에서 특정 브랜드에 대하여 높은 선호도를 보인다면 이것은 브랜드가 기능적인 가치뿐 만이 아니라 비기능적인 가치를 제공하기 때문이라고 하였다. 그리고 이것은 해당 브랜드의 이미지 때문에 나타나는 현상이라고 하였다. 이 당시에 기업들은 기존의 마케팅 방식이나 관행에 의하여 브랜드에 대한 의사결정을 하였고 이에 따라 업무가 이루어졌다. 즉 기업들의 브랜드에 대한 의사결정은 새로운 제품을 출시하면서 즉흥적으로 브랜드를 개발하여 사용하거나 기존에 가지고 있던 개별 브랜드를 수정하거나 변경하는 수준에 관한 것이었다. 이 시기에 기업들은 브랜드를 제품 구성 요소의 하나로 파악하여 브랜드와 제품 특징 및 속성, 시장, 소비자 등과 서로 무관하고 독립적인 것으로 간주하였다. 그리고 브랜드가 소비자에게 미치는 영향보다 제품의 기능이나 품질 등과 같은 제품의 본질적 특성이나 속성이 더 많은 영향을 미친다고 기업들은 파악하였다. 학계에서도 이 당시에는 브랜드에 대한 체계적인 연구가 미진하여 브랜드에 대한 체계적인 이론이나 실증 연구가 활발하게 이루어지지 않았다.

1980년대 이후 상당수의 제품이 시장 성숙기에 진입하고 제품들간에 기능이나 품질에 의한 차이가 소비자들이 지각하는 측면에서 거의 없게 되자 기업의 제품 속성 등에 의한 차별화가 한계에 부딪히게 되었다. 이러한 상황에서 브랜드가 새로운 차별화의 원천으로 등장하고 그 효과성과 효율성을 기업들이 인식하면서부터 브랜드에 대한 체계적인 관리와 운영에 대한 다각적인 시도가 이루어졌다. 이후부터 기업들은 점차로 브랜드를 기업의 경쟁우위를 창출하는 핵심적인 무형자산으로 파악하고 이에 대한 체계적인 접근을 하게 되었다. 이에 따라 학계에서도 브랜드에 대한 이론적인 연구가 이루어지기 시작하였다(Tauber, 1981, 1988).

이러한 변화를 거쳐 1990년대 이후 마케팅의 주요 주제 중의 하나로서 브랜드가 등장하게 된 것이다(Aaker, 1991). 이것은 마케팅의 핵심 차원이 점차로 제품에서 브랜드로 이동하고 마케팅 활동이 브랜드를 중심으로 이루어지고 있는 현상을 반영하는 것이었다(Aaker, 1991, 1996, 1997, Keller, 1993, 1998). 즉, 1990년대 이후 브랜드의 가치 및 중요성에 대하여 학계와 실무에서 새롭게 인식하면서 브랜드를 경쟁우위를 창출할 수 있는 수단으로 파악하여 브랜드의 효과적인 개발, 육성, 관리 및 운영이 마케팅의 핵심 영역으로 자리매김하게 된 것이다. 이러한 마케팅 추세를 나타내는 것으로 혹자는 1990년대 이후를 브랜드 마케팅(brand marketing)의 시대라고까지 부르고 있다(Arnold, 1992, Weilbacher,

1993, Kotler, 1999). 학계에서도 1990년대에 들어서 브랜드에 대한 관심과 연구가 폭발적으로 증가하였으며 현재도 마케팅의 주요 주제 중의 하나가 브랜드이다(Aaker, 1991, 1996, Keller, 1998, Aaker and Joachimsthaler, 2000).

본 연구에서 주제로 다루려고 하는 분야는 브랜드 자산의 구축, 즉 어떻게 하면 강력한 브랜드를 만들어 나갈 수 있느냐에 관한 것이다. 이것은 우리나라 기업들이 아직도 세계적인 유명 브랜드를 가지고 있지 못하다는 현실 인식에 기반한다. 세계적인 브랜드 컨설팅회사인 인터브랜드(Interbrand)사에서 매년 발표하는 브랜드 자산 평가에서 세계 50대 브랜드 중에 우리나라 기업의 브랜드가 차지하고 있는 위치는 아직도 미약한 실정이다(Interbrand, 2000). 선진국의 다국적 기업들이 기존에 구축해 놓은 강력한 브랜드를 라인 및 브랜드 확장 등과 같이 브랜드를 활용하고 운영해 나가는 것과 브랜드 자산 평가와 같은 분야에 주요 관심이 있다면 상대적으로 열악한 위치에 있는 우리나라 기업들은 어떻게 하면 강력한 브랜드를 만들어 나가느냐 하는 브랜드 구축에 주안점이 있다(이유재, Batra, 1999). 따라서 본 연구는 강력한 브랜드 자산의 구축을 위한 바람직한 브랜딩(branding) 방안에 대하여 다루었다.

제 2 절 연구 목적

브랜드에 대한 기존의 연구를 살펴보면 크게 세 가지로 분류가 가능하다. 첫 번째는 브랜드 자산에 관련된 연구로서 이것은 브랜드 자산의 구성 및 측정에 관한 분야로 이 분야는 브랜드 자산이 어떠한 구성 요소로 이루어져 있고 어떠한 방법으로 브랜드 자산의 가치를 측정하고 이것을 일반화하는 것에 관한 분야이다 (Aaker, 1991, Park and Srinivasan, 1994). 특히 이 분야는 기업간 브랜드의 거래 및 기업의 인수합병(M&A) 시 해당 기업들이 보유하고 있는 브랜드에 대한 체계적인 평가와 이의 타당성에 대한 이론적인 기반을 제시하고 있다. 브랜드 자산의 측정 방법은 재무적인 관점과 소비자에 기반한 관점 두 가지가 있다(Simon and Sullivan, 1993, Park and Srinivasan, 1994). 두 번째는 기존에 구축된 브랜드 자산의 활용 및 관리에 대한 연구로서, 이 분야는 주로 효율적이고 효과적인 브랜드 확장에 관한 연구로 나타나며 브랜드 확장에 대한 기업의 동기 및 소비자의 관점에서 평가에 주요 초점을 맞춰 연구가 이루어지고 있다(Park, Jaworski and MacInnis, 1986, Aaker and Keller, 1990, Aaker, 1991, 1997, Keller and Aaker, 1992). 마지막 연구 분야로는 1990년대 중반 이후에 본격적인 연구가 이루어지기 시작한 분야로서 어떻게 하면 강력한 브랜드를 구축해 나갈 수 있는 지에 관한 연구이다 (Aaker, 1996, Keller, 1998). 이것은 주로 브랜딩(branding)의 관점에서 어떠한 브랜드 구성 요소들이 강력한 브랜드를 형성하는데 기여하고 어떤 마케팅 활동이 브랜드 자산을 구축하는데 기여하고 이에 관련되는 것들을 어떻게 실행해 나가는 것이 효과적인지에 대하여 다루고 있다(Aaker, 1996, Joachimsthaler and Aaker, 1997, Keller, 1998, 이유재, Batra, 1999, Aaker and Joachimsthaler, 2000).

본 연구에서 다루는 분야는 브랜딩 중에서 브랜드 개발, 즉 브랜드 구축에 관련된 부분이다. 기존에 강력한 브랜드를 구축하기 위한 연구의 상당수가 유명 브랜드들의 공통적인 특성이나 요소들에 관한 연구였다(Aaker, 1996). 이들 연구의 대부분은 강력한 브랜드 자산을 구축한 브랜드들에 대한 사후적인 연구이다. 이들 연구들은 강력한 브랜드들이 가지고 있는 특징, 브랜드 연상, 브랜드 이미지, 핵심 아이덴티티 요소, 확장된 아이덴티티 요소, 품질, 고객과의 관계, 브랜드 가치 요소, 브랜드 개성, 광고 등과 같은 마케팅 커뮤니케이션 전략 등에 대해 다루면서 이들 요소들이 어떻게 강력한 브랜드 자산 구축에 기여를 했으며 이들 요소를 활용해 나가는 방법에 대해 다루고 있다(Aaker and Biel, 1993, Aaker, 1996). 그런데 기존의 강력한 브랜드를 구축하기 위한 연구는 브랜드의 구성 요소인 브랜드명, 심볼, 슬로건 등을 이미 개발된 것이나 주어진 것으로 파악하여 이들 요소를 어떻게 수정, 보완하여 브랜드 파워를 강화시켜 나가는 지에 대하여 주로 다루고 있다(Aaker, 1996, Keller, 1998). 따라서 이러한 연구는 브랜드명, 로고, 심볼 등과 같은 브랜드의 주요 구성 요소 자체에 대하여 소홀히 다루고 있다는 한계가 있다. 최근에 이에 대한 문제 제기로서 효과적인 브랜드명과 로고의 개발 등에 대한 탐험적인 연구들이 이루어지고 있다(Pavia and Costa, 1993, Henderson and Cote, 1998, Klink, 2000, Yorkston, 2000). 따라서 본 연구에서는 효과적인 브랜드를 개발하는 방법으로 브랜드 핵심 구성 요소인 브랜드명, 로고 심볼에 대한 연구를 통해 브랜드 아이덴티티 구축에 필요한 효과적인 브랜딩 방안에 대한 연구를 하였다.

제 3 절 연구 방법 및 구성

본 연구는 브랜드의 구성 요소인 브랜드명의 관련성, 브랜드 로고 중에서 심볼의 브랜드명에 따른 기대라는 일치성 구성 요소가 소비자 제품 지식 수준에 따라 소비자 브랜드 반응에 미치는 영향을 분석하기 위하여 대학생들을 대상으로 실험 방법을 통한 실증분석을 하였다. 아직까지 브랜드명 및 심볼에 대한 연구가 풍부하게 이루어지지 않았고 국내외에서도 이러한 연구가 미비한 관계로 상대적으로 브랜드에 관련된 다른 분야에 비하여 브랜드명과 로고에 대한 이론적 토대와 실증적 연구가 부족한 실정이다 (Aaker, 1996, Henderson and Cote, 1998). 따라서 본 연구에서는 기존에 마케팅에서 이루어진 브랜드에 관련된 연구와 광고 및 시각적 정보처리에서 이루어진 연구 및 문헌에서 본 연구에 적절하다고 판단되는 사항들을 응용하여 이론 연구를 하였다. 그리고 브랜드 및 브랜드 확장에 대한 소비자 반응에 유의적인 영향을 미치는 핵심 변수들 중에 소비자의 제품 지식을 고려하였다. 본 연구에서는 소비자의 제품 지식에 미치는 영향을 고려하기 위하여 이 변수를 조정 변수로 설정하였다. 실증 연구는 새로 개발된 브랜드명과 심볼을 해당 제품의 실제 및 잠재 소비자들을 대상으로 로 실험을 하고 이 실험 자료를 설문 조사를 통해 수집하고 이를 통계 분석하였다.

제2장에서는 브랜드의 정의와 구성 요소, 브랜드 자산(brand equity), 브랜드 이미지(brand image), 브랜드 아이덴티티(brand identity), 브랜딩 개념과 내용, 브랜드에 대한 소비자 평가, 그리

고 브랜드에 관련한 제반 이론과 연구들에 대하여 살펴보았다.

제3장에서는 이러한 이론과 연구를 토대로 일치성 측면에서 브랜드 구성 요소인 브랜드명의 관련성, 브랜드 심볼의 기대를 독립변수로 하고 소비자의 제품 지식을 조정변수로 한 브랜딩에 대한 소비자 반응 모형을 도출하고 브랜드에 대한 소비자의 로고 반응, 이미지 반응, 태도 반응, 지각된 품질 평가 반응, 구매 의도 반응과 같은 감정 및 행동 차원의 변수를 종속변수로 한 연구 모형과 가설을 설정하였다.

제4장의 연구방법에서는 실험의 대상이 되는 해당 제품군 소비자들의 인구통계적 특성과 연구에 필요한 사전 조사와 자료 수집 과정에 대하여 기술하였다. 그리고 실험에서 사용될 실험물의 조작과 측정 도구인 설문지의 내용에 대하여 설명하였다. 이에 따라 설문 조사에서 측정하고자 하는 변수에 대한 개념 및 이의 조작적 정의에 관한 사항에 대해서는 기존에 연구된 관련 논문에서 사용된 방법과 측정 도구에 대하여 고찰하였으며 이를 토대로 본 연구에 적절하다고 판단되는 항목들을 대하여 논하였다.

제5장의 가설 검증에서는 주로 분산분석(ANOVA)을 통하여 가설을 검정하였으며 가설 검증 이전단계로서 크론바 알파(Cronbach α) 검증을 통하여 측정 도구의 신뢰성을 검정하였다. 가설 검증은 SPSS 10.0 for Windows를 통해 분산분석(ANOVA)을 실시하였으며 각 독립변수 및 조정 변수, 그리고 이에 따른 종속변수에 관한 가설을 검증하였다.

마지막 장인 제6장에서는 본 연구를 통해 도출된 결론과 본 연구의 이론적, 실무적 시사점 및 한계점을 제시하였고 향후의 연구 방향에 대하여 제안하였다.

제 4 절 연구의 범위 및 기대 효과

　브랜드를 구축하기 위한 브랜드 구성 요소와 이에 대한 소비자 반응에 영향을 미치는 변수는 매우 다양하다. 본 연구에서 다루려고 하는 주요 변수는 브랜드명의 관련성, 브랜드 심볼의 기대이다. 브랜드 구성 요소 특성에 따른 소비자 반응에 관련되는 제반 변수들과의 관계에서 본 연구의 연구 범위를 그림으로 제시하면 다음과 같다.

　〈그림 1〉 소비자 브랜드 반응에 관련된 변수와 본 연구의 연구 범위

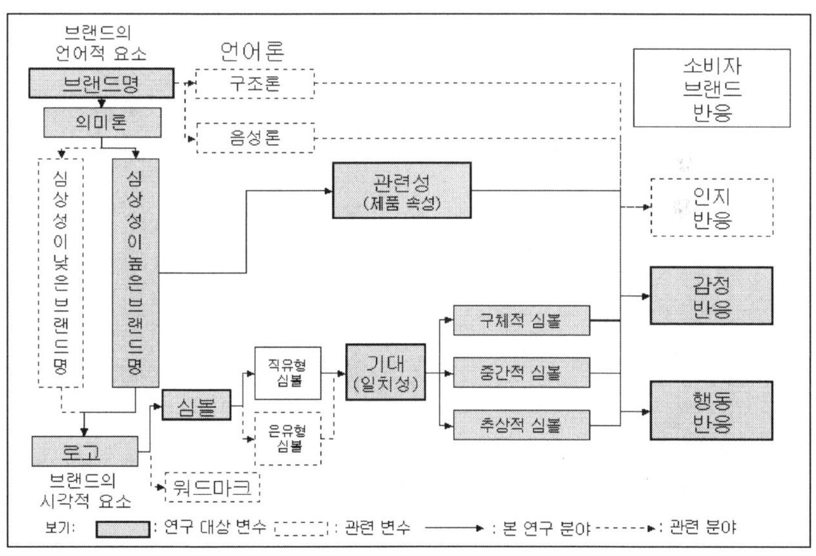

　브랜드에 대한 소비자 반응에 영향을 미치는 모든 변수들을 고려하여 연구하는 것은 거의 불가능하다. 본 연구에서 주요 연구

대상으로 설정한 요소는 브랜드명의 언어적 특성 중에서 의미론이다. 언어학적 관점에서 브랜드명은 의미론, 음성론, 구조론의 차원에서 접근이 가능한 데 본 연구는 의미론에 초점을 맞추었다. 의미론적 측면에서 해당 제품의 속성이나 혜택을 제시하는 정도가 브랜드명마다 다른 것이 일반적인데 본 연구에서 접근한 의미론은 브랜드명이 해당 제품 속성에 대한 정보를 전달하는 정도로 의미론을 해석하여 관련성의 측면에서 다루었다. 다음으로 브랜드명을 심상성이 높은 브랜드명과 추상성이 높아 심상성이 낮은 브랜드명으로 구분이 가능한 데 본 연구의 대상이 된 브랜드명을 심볼 처리가 용이한 심상성이 높은 브랜드명으로 한정하였다. 다음으로 브랜드 로고는 심볼형 로고와 워드마크형 로고로 분류가 되는데 본 연구에서는 워드마크형 로고를 제외하고 심볼형 로고에 연구의 초점을 맞추었다. 그리고 심볼도 크게 나누면 직유형 심볼과 은유형 심볼이 있는데 본 연구에서 다루는 심볼은 직유형 심볼이다. 브랜드를 개발하여 해당 브랜드를 소비자에게 인지시키고 소비자의 긍정적인 태도를 이끌어 내는 것이 중요한 데 이에 대한 방법 중의 하나가 상호작용적 심상(interactive imagery)인 직유형 심볼을 사용하는 것이다. 따라서 본 연구에서는 심볼 중에서 직유형 심볼만을 연구 대상으로 하였다. 다음으로 심볼의 기대는 브랜드명에 따른 심볼의 기대로 한정하였으며 기대의 차원을 3가지로 정리하였다. 심볼의 기대를 정리한 것을 살펴보면 해당 브랜드명을 나타내는 심볼이 해당 대상의 대표적이고 구체적인 모습이어서 바로 인지가 되는 형태의 심볼을 기대가 높은 것으로, 중간 정도로 간략화 처리하여 해당 브랜드명을 인지할 때 정교화가 필요하지만 이해가 될 수 있는 것을 기대가 중간인 것으로, 그리고 추상적으로 처리하여 정교화하는데 많은 노력이 필요하고 이해가 잘 되지 않는 심볼을 기대가 낮은 것으로 하였다. 물론 심볼의 기대가 낮은 경우로 해당 브랜드명이 나타내는 심볼이 아닌 엉뚱한 형태의 심볼을 사용하는 것도 가능하나 본 연구에서는 이러한 경우는 제외하였다. 마지막으로 소비자의 브랜드 반응은 인지, 감정, 행동 반응으로 구분할 수 있는데 기존의 일치성에 관한 연구의 대부분이 기억과 같은 인지 반응을 중심으로 연구가 이루어졌다는 특징이 있다. 이에 따라 본 연구에서는 소비자의 감정 및 행동 반응에 대한 기존 연구가 부족하다는 점과 브랜드 로고에 대한 소비자 반응은 감정 반응 성격이 강하다는 인식하에 소비자의 감정 및 행동 반응에 초점을 맞추어 연구하였다. 이상으로 본 연구의 범위와 관련된 변수들과의 관계를 설명하였는데, 이것은 본 연구의 범위를 한정하고자 하는 것이 아니라 브랜드에 대한 소비자 반응에서의 본 연구가 차지하는 위치를 제시하고자 하는 것이다. 따라서 브랜드에 대한 소비자 반응에서 본 연구의 결과를 일반화하는데 본 연구의 적용 범위에 대한 고려가 필요하다. 그리고 향후에 브랜드명과 브랜드 로고에 따른 소비자 브랜드 반응 연구에서 위의 그림에서 제시한 다른 관련 변수들을 고려한 연구가 이루어지기를 기대해 본다.

브랜드 자산을 구축하는 방법에는 두 가지가 있다(Shimp, 2000). 하나는 마케팅 커뮤니케이션 프로그램에 의한 방법이고 다른 하나는 좋은 브랜드 아이덴티티 요소(브랜드명과 로고, 심볼 등)의 선정에 의한 방법이다. 마케팅 프로그램에 의한 방법은 광고 등을 통하여 브랜드에 대한 인지도를 창출하거나 향상시키고 우호적이고 차별적인 브랜드 이미지를 만들어 나가는 것으로 이에 대하여서는 나름대로 연구가 활발하게 진행되어 왔다(Aaker and Biel, 1993). 하지만 또 다른 브랜드 자산 구축 방법인 브랜드 아이덴티티를 형성하기 위한 긍정적인 브랜드 구성 요소의 창출과 결합에 대하여서는 상대적으로 소홀히 다루어져 온 측면이 있다(Keller, 1993, 1998). 즉 다양한 브랜드 구성 요소를 어떠한 방식으로 결합하는 것이 효율적이고 효과적인지에 대한 연구는 부족한 실정이다. 따라서 본 연구에서는 브랜드 구성 요소의 바람직한 결합에 의한 효과적인 브랜드 자산의 구축 방법에 대하여 다루었다. 본 연구의 기대 효과를 실무적, 이론적 측면에서 살펴보면 다음과 같다.

우선 실무적 측면에서 우리나라 기업들이 브랜드에서 당면한 가장 큰 과제는 강력한 브랜드 자산의 구축이다. 외국의 다국적 기업들이 사전에 구축해 놓은 강력한 브랜드를 활용하는 브랜드 확장이나 브랜드를 통한 경쟁우위의 달성 및 강화에 초점을 맞추고 있다면 우리나라 기업들은 강력한 브랜드 자산의 구축이 주요 관심 사항이다. 왜냐하면 우리나라 기업들은 아직까지도 세계적인 브랜드를 구축하지 못하고 있는 실정이며 현재에도 이러한 브랜드를 구축하기 위해 부단히 노력하고 있기 때문이다(이유재, Batra, 1999). 따라서 본 연구는 실무적인 측면에서 브랜드의 핵심적인 구성 요소인 브랜드명과 로고 심볼의 합리적인 디자인과 이의 결합 방식 및 이에 따른 고려 사항들에 대한 시사점을 우리나라 기업들에게 제공해 줄 수 있을 것이다.

이론적인 측면에서 본 연구는 브랜딩에 대한 소비자 반응에 영향을 미치는 요소에 대한 실증 연구이다. 현재까지 소비자 브랜딩 반응에 대한 이론 및 실증 연구는 상대적으로 부족한 실정이다. 따라서 본 연구는 브랜딩에 대한 소비자행동 측면에서 이루어진 시도적인 연구라고 할 수 있다. 기업의 브랜딩에는 브랜드명, 브랜드 로고 및 심볼, 캐릭터, 슬로건, 징글, 포장 등 다양한 요소가 관련된다. 그런데 본 연구에서는 브랜드의 핵심 구성 요소인 브랜드명과 심볼에 초점을 맞추어 이러한 요소들이 소비자 반응에 미치는 영향을 소비자행동 이론과 접목하여 본 연구를 진행하였다. 현재까지 브랜드 구성 요소에 따른 소비자 반응에 대한 소비자행동 이론 측면에서의 연구는 특히 부족한 실정이다(Janiszewski and Meyvis, 2001). 본 연구의 이론적 기반이 되는 분야를 구체적으로 살펴보면 브랜드명에서는 언어학의 의미론과 관련성, 브랜드 심볼에서는 소비자행동에서의 일치성 차원에서 기대에 관한 이론, 그 중에서도 언어적 정보와 심상적 정보의 이중 부호화 이론과 스키마 일치성 이론, 심상적 정보처리, 그리고 제품 지식에서는 소비자의 지식 정도에 따른 정보처리와 반응, 마지막으로 소비자 반응에서 브랜드 심볼, 브랜드 이미지, 브랜드 태도, 제품 품질 평가, 구매 의도에 관련한 것들이다. 이러한 사항들을 기반으로 한 실증 연구를 통하여 브랜딩에 대한 소비자 반응 연구 모형을 제시하는 것이 본 연구의 이론적인 목적이다. 그리고 기존 연구가 소비자 반응을 대부분 소비자의 재인과 회상과 같은 인지 반응에 초점을 맞추어 행동 예측력이 낮다는 한계를 극복하기 위해 본 연구는 소비자의 감정과 행동 반응 차원을 다루었다는 점에서 연구의 차별성이 있다. 향후에 본 연구 모형을 토대로 하여 소비자 브랜딩 반응에 관한 보다 다양하고 포괄적인 연구가 이루어지기를 기대하고 이 분야가 발전해 나가는 데에 기여하는 것이 본 연구의 학문적인 기대 효과이다.

제 2 장 이론적 배경

제 1 절 브랜드 및 브랜드 구성 요소

1. 브랜드의 정의

기업의 경쟁 전략은 크게 3가지로 분류할 수 있다. 하나는 원가 우위 전략이고 다른 하나는 차별화 전략이고 마지막 하나는 틈새 전략이다(Porter, 1985). 이러한 세 가지 전략 중에서 기업은 보통 어느 하나의 전략을 선택하는데, 차별화 전략의 핵심 요소 중의 하나가 브랜드이다(Aaker, 1998, Kotler, 1999). 기업의 차별화 전략은 기능과 같은 제품의 본질적 속성에 의한 차별화, 제품의 성능과 관련이 없는 비본질적 속성에 의한 차별화의 두 가지가 방법이 있는데, 이 모두가 소비자 반응에 유의적인 영향을 미친다(Carpenter, Glazer and Nakamoto, 1994). 브랜드에 의한 차별화는 제품의 비본질적 속성에 의한 차별화의 한 가지 방법이다. 브랜드는 1990년대 이후 마케팅과 기업 전략에서 기업의 가치 있는 희소한 자원으로서 기업이 지속적인 경쟁우위를 달성할 수 있는 핵심 원천으로 파악되고 있다(Amit and Schoemaker, 1993, Aaker, 1996). 품질 등과 같은 제품 속성이나 가격과 같은 원가 요소에 의한 극심한 경쟁 상황에 직면하여 이것을 타개하여 나가기 위한 차별화 전략의 중요한 방법 중에 하나는 기업 및 브랜드의 이미지와 같은 비가시적인 요소에 근거한 차별화이다(Schmitt, 1995). 강력한 브랜드를 통한 차별화는 해당 기업들에게 경쟁우위를 달성하는데 도움을 준다(Aaker, 1991, 1996, 1998, Keller, 1998). 그런데 기업이 이러한 강력한 브랜드를 개발하기 위해서는 장기간에 걸친 지속적인 투자가 필요하다. 이렇게 하여 개발된 강력한 브랜드는 경쟁사에 의하여 쉽게 모방되지 않는 특징이 있다. 이에 따라 마케팅의 핵심 영역이 점차로 제품에서 브랜드로 이동하고 있다(Aaker and Joachimsthaler, 2000). 코틀러(Kotler, 1999)는 이러한 현상을 가리켜 최근의 마케팅 기법은 대부분 브랜드 구축에 관련된 전술이라고 기술하였다.

브랜드에 대한 역사는 매우 오래되었다. 고대 그리스에서는 도공들이 자신이 만든 도자기에 표시로서 마크(mark)를 사용하였고 이집트에서는 가축에 불로 달군 낙인을 찍어 제품에 대한 소유표시로 브랜드를 사용하였다(Hart and Murphy, 1998). 우리나라에서도 고려 및 조선 시대에 상인이나 수공업자가 제품에 낙인이나 문장을 사용하여 제조원이나 출처를 나타냈다는 이야기가 전해지고 있다. 그러나 브랜드와 로고가 상업적인 목적으로 널리 사용되기 시작한 것은 불과 100여년 전부터이다(Murphy and Lowe, 1988). 그리고 브랜드와 로고의 사용이 급증한 것은 근래 30여년 전부터이다. 이와 같이 브랜드를 마케팅의 핵심 요소로서 그 중요성을 인식하기 시작한 것은 근래의 일이다. 브랜드에 대한 학문적인 관심은 1950년대 이후부터 시작하였다. 이 시기에는 브랜드를 특정 판매자의 제품이나 서비스를 다른 판매자의 그것과 식별하고 차별화시킬 목적으로 사용하는 이름, 용어, 기호, 심볼 또는 이들의 종합이라고 하였다(Gardner and Levy, 1955). 이후 미국마케팅학회(AMA)에서 브랜드를 특정 판매자가 자신의 제품 또는 서비스를 다른 경쟁자의 제품 또는 서비스와 구별해서 나타낼 수 있도록 하기 위하여 사용하는 이름, 용어, 심볼, 디자인 혹은 그 결합체라고 정의함으로써 브랜드라는 용어를 포괄적인 개념으로 파악하였다(Keller, 1998). 코틀러(Kotler, 1994)는 브랜드를 특정 판매업자의 제품이나 서비스를 그들의 경쟁자들의 그것과 구별하기 위하여 사용하는 이름, 용어, 사인, 심볼, 디자인, 또는 이것들의 결합체라고 하였으며, 소비자에게 브랜드는 제품에 내재된 일부분으로 인식되며, 적절한 브랜드명의 선택으로 제품을 인식하는 소비자의 태도를 호의적으로 만들 수 있다고 하였다. 아커(Aaker, 1991)는 브랜드란 판매업자 또는 일단의 판매업자들이 제품이나 서비스를 식별시키고 경쟁자들의 그것과 차별화하기 위하여 사용하는 상징물(브랜드명, 로고, 심볼, 등록상표, 포장 등)이라고 하면서 브랜드를 통해 소비자에게 제품 제조업자를 알려줌으로써 유사한 제품을 공급하려는 경쟁자들로부터 소비자와 생산자를 보호해 준다고 하였다. 켈러(Keller, 1998)는 브랜드를 특정 제조업자가 자신의 제품을 다른 경쟁사의 제품과 구별하기 위하여 사용하는 수단이라고 정의하면서 브랜드를 창출해내는 것의 핵심은 경쟁사의 제품과 구별되면서 해당 제품을 식별하게 하는 브랜드명, 로고, 심볼, 또는 다른 특징적인 요소들을 선정하는 것이라고 하였다. 브랜드에 대한 이상의 다양한 정의를 요약하면 브랜드란 포괄적이고 종합적인 개념으로 특정 제조업자나 판매업자가 자신의 제품이나 서비스를 경쟁사의 그것과 차별화하면서 동시에 식별하기 위해 사용하는 브랜드명, 로고, 심볼, 용어, 포장 등의 복합적인 요소로 이루어진 결합체라고 할 수 있다.

2. 브랜드의 구성 요소

일반적인 브랜드 구성 요소로는 브랜드명(brand name), 로고(logo), 심볼(symbol), 캐릭터(character), 슬로건(slogan), 징글(jingle), 포장(package) 등이 있다(Aaker, 1991, 1996, Keller, 1998). 이들 구성 요소는 브랜드 자산을 구축하는데 있어 다른 역할과 기능을 담당하지만 브랜드 자산 가치를 극대화하기 위해서는 이들 브랜드 요소들을 조화롭게 결합(mix and match)하는 것이 필요하다(Keller, 1998).

2.1. 브랜드명(Brand Name)

브랜드명은 특정 기업의 제품이나 서비스를 경쟁사의 그것과 구별하고 식별할 수 있게 하는 것으로 브랜드를 입으로 발음하거나 귀로 들을 수 있는 부분이다. 즉 브랜드명은 브랜드 구성 요소 중에서 언어로 표현되는 부분이다(Aaker, 1996). 우리가 Nike를 나이키로 발음하는 것이 브랜드명을 나타내는 경우에 해당된다. 일반적으로 브랜드명은 문자나 숫자 등과 같은 언어로 표현된다. 이러한 브랜드명은 소비자의 브랜드에 대한 인지와 이미지 형성, 연상에 있어 핵심적인 요소로서 브랜드 구성 요소 중에서 가장 중요한 부분 중에 하나이다. 기업이나 제품의 이름인 브랜드명은 다음과 같은 기능을 담당한다(Schmitt and Pan, 1994). 첫째 브랜명은 해당 브랜드를 확인시켜 주는 역할을 한다. 둘째 브랜드명은 브랜드에 대한 정보를 기억하는 단서 역할을 한다. 마지막으로 브랜드명은 시장에서 제품에 대한 포지셔닝을 나타내 주는 역할을 한다.

2.2. 로고(Logo)

　로고(logo)는 로고타입(logotype)의 약자로 브랜드명이나 기업명을 독특한 방식의 서체(typeface)로 표기한 것으로 기업명이나 브랜드명은 고유하고 독특한 서체로 표현되는 것이 일반적이다(Keller, 1998). 로고는 기원, 소유, 연관성을 나타내는 수단으로 오래 전부터 사용되어 왔다. 브랜드 로고는 워드마크(wordmark)형 로고, 기업명 또는 기업 사업 영역과 전혀 관련이 없는 추상적인 심볼형 로고까지 여러 가지 유형이 있다. 브랜드 로고는 브랜드 자산이나 브랜드 파워를 강화하고 해당 브랜드만의 독특한 아이덴티티를 나타내기 위해 전문 디자이너나 디자인 전문 기업에 의해 의도적으로 디자인되고 개발되는 것이 일반적이다.

2.3. 심볼(Symbol)

　로고 중에서 워드마크가 아닌 로고를 심볼이라고 하는데 이것은 브랜드 마크(brand mark)로 불리기도 한다. 심볼의 예로서는 메르세데스(Mercedes)의 별, 롤렉스(Rolex)의 왕관, CBS의 눈(eye), 나이키(Nike)의 스워시(Swoosh) 등이 있다. 보통 심볼은 브랜드의 의미, 추구하는 이미지, 연상 등을 나타내기 위하여 사용되는 상징물로서 독특한 형태, 표현 형식, 색상, 문자 등으로 이루어져 있다. 이러한 심볼은 소비자들에게 시각적으로 독특하게 인식은 되지만 언어로 표현하기가 어렵다는 특징이 있다. 그런데 로고나 심볼의 시각적인 정보 특성이 중요한 이유는 시각적인 정보가 언어적인 정보보다 소비자가 지각하고 기억하는데 유리하기 때문이다(Schmitt and Simonson, 1997).

<그림 2> 심볼의 역할

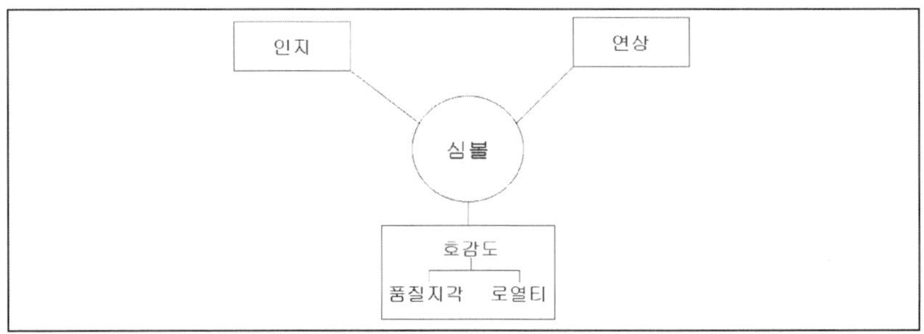

자료원: David A. Aaker(1991), *Managing Brand Equity: Capitalizing on the Value of a Brand Name*, Free Press, p.198

　브랜드명과 심볼은 기본적인 기능은 같으나 구체적인 차원에서는 그 역할이 차이가 날 수 있다. 심볼은 브랜드명에 대비하여 주로 다음과 같은 역할을 한다(Aaker, 1991). 우선 심볼은 기업이 제품과 서비스를 그 자체적으로 차별화하기 어려울 때 차별화의 핵심적인 수단이 될 수 있다. 심볼은 그 자체가 거의 독창적으로 브랜드 인지, 연상, 브랜드 충성도, 품질 지각 등에 영향을 주고 호감을 만들어내는 역할을 한다. 이러한 심볼은 시각적인 정보로서 브랜드명과 같은 언어적인 정보보다 기억하기 쉽고 소비자의 다양한 감정적인 반응을 유도해 낼 수 있다. 보통 심볼의 대상은 브랜드마다 다르고 그 표현 형태도 다양한데 기업들은 브랜드에 따른 심볼의 독특한 형태를 통하여 브랜드의 개념이나 의미를 전달할 수 있다. 브랜드 심볼로 널리 사용되는 것과 그것이 의미하는 바는 다음과 같다.

〈표 1〉 기업, 브랜드, 그리고 심볼의 예

심볼	의미	기업/브랜드
별	신성함, 계몽, 지혜	Texaco, Converse
원	통일, 완성, 완벽, 조화	GE, AT&T
삼각형	소망	Delta Air Lines, Alcatel
닻	모험, 안정성	Levis Dockers
하프	아일랜드, 켈트의 전통	Guinness
사자	리더쉽, 힘, 왕가의 전통	MGM
십자가	고통의 구원, 자선	Blue Cross
소	다산, 풍요, 단순	Borden Ice Cream, Elmer's Glue
다이아몬드	투명, 완벽, 희소성	Sprint

자료원: Bernd Schmitt and Alex Simonson(1997), *Marketing Aesthetics*, Free Press, p.155

심볼은 위의 표에 나타난 경우와 같이 별이나 원과 같은 동일한 대상을 나타내는 것이라도 표현된 구체적인 모양은 천차만별이고 서로 다른 것이 보통이다. 기업은 각기 다른 유형의 심볼과 그 모양을 개발하여 사용하고 있으며 지속적으로 이것을 환경에 맞게 수정, 보완, 변경하여 사용하고 있다(Henderson and Cote, 1998). 그리고 소비자들은 이러한 브랜드 로고와 심볼에 매우 익숙해져 있다(Kotler, 1994). 이러한 다양한 유형의 브랜드 로고는 모양, 색상, 서체, 질감에 따라 다음과 같은 구분이 가능하다(Selame and Selame, 1988). 로고를 형태별 유형으로 크게 분류하면 브랜드명만을 사용한 로고(name-only logos), 브랜드명과 심볼을 함께 사용한 로고(name/symbol logos), 약자형 브랜드명을 사용한 로고(initial letter logos), 브랜드명을 그림문자로 처리한 로고(pictorial name logos), 연상적 로고(associative logos), 암시적 로고(allusive logos), 추상적 로고(abstract logos) 등으로 구분된다 (Murphy and Lowe, 1988, Selame and Selame, 1988). 이러한 다양한 유형의 브랜드 로고는 크게 심볼과 워드마크로 대별할 수 있는데, 어떤 것이 효과적이고 효율적인지에 대한 이론에 기반한 실증 연구는 부족한 실정이다(Henderson and Cote, 1998, Yorkston, 2000). 왜냐하면 로고를 만드는 것은 기업의 로고 개발 목적과 디자이너나 개발자의 창조적인 활동에 의하여 이루어지는 것이기 때문이다(Spaeth, 1997). 따라서 기업들은 브랜드에 대한 로고 및 심볼 개발 시 명확한 이론적 근거나 체계 없이 자사내의 디자인 부서나 외부의 CI(Corporate Identity) 디자인 전문 기업들이 디자인한 여러 개의 대안 중에서 적절하다고 판단되는 것을 선정하여 사용하는 것이 일반적이다. 그리고 로고에 관련되는 기업의 담당자도 이러한 일이 자주 발생되는 일이 아니기 때문에 이에 대한 지식이나 경험이 부족한 실정이다(Henderson and Cote, 1998). 이에 따라 어떤 경우에 심볼형 로고가 바람직하고 어느 경우에 워드마크형 로고가 바람직한지에 대한 명확한 기준은 아직 정립되어 있지 못하다. 하지만 브랜딩을 담당하는 전문가들이나 브랜딩 및 CI 업계, 관련 디자이너들이 제시하는 브랜드 심볼과 워드마크(wordmark)의 선택 기준은 다음과 같다.

<표 2> 바람직한 브랜드 로고의 심볼 또는 워드마크의 선택
방법

심볼형 로고가 바람직한 경우	워드마크형 로고가 바람직한 경우
➢ 브랜드명이 너무 일반적인 경우 ➢ 브랜드명이 너무 긴 경우 ➢ 브랜드명이 국제적으로 잘 번역이 되지 않는 경우 ➢ 브랜드명의 개성이 너무 부족한 경우 ➢ 자동차나 운동화같이 제품에 문장(emblem)이 필요한 경우 ➢ 모회사와 자회사간에 연결고리가 필요하고 그것을 브랜드명을 통하여 용이하게 나타낼 수 없는 경우 ➢ 심볼이 무엇을 나타내는 지 소비자에게 인지시킬 수 있는 다양한 매체와 같은 마케팅 수단이 존재하는 경우	➢ 브랜드명이 적절하게 독특하고 일반 명사화되어 있지 않은 경우 ➢ 제품이나 자회사와 모회사와의 연관성을 심볼보다 명확하고 직접적으로 나타내고자 하는 경우 ➢ 커뮤니케이션 비용이 제한되어 있는 경우 ➢ 브랜드명을 알리거나 인지시키는 것에 마케팅 초점을 맞춘 경우

자료원: Tony Spaeth(1997), "New Faces: Symbol? Or Wordmark?," *Across the Board*, February, p.31

새로이 개발되는 브랜드 로고 유형을 살펴보면 인터넷이 일반화되기 전인 1990년대 중반까지는 심볼형 로고와 워드마크형 로고가 비슷한 비중을 차지했었다. 그러나 인터넷과 전자상거래가 대중화되기 시작한 1990년대 후반부터 신생 인터넷 기업들이 대거 등장함에 따라 상황은 바뀌었다. 인터넷 기업들은 브랜드명 알리기가 가장 중요한 마케팅 과제가 됨에 따라 워드마크형 로고를 개발하여 사용하는 것을 선호한다. 스패스의 조사(Spaeth, 1997)에 의하면 1996년에 개발된 15개의 주요 브랜드 로고 중에서 9개가 워드마크형이었고 6개가 그래픽적으로 처리한 심볼형 로고이었다고 한다.

브랜드 로고 및 심볼이 성공적인 역할을 하기 위해서는 다음과 같은 4가지 중요한 특성을 가지고 있어야 한다(Selame and Selame, 1988).

<표 3> 브랜드 로고나 심볼이 갖추어야 하는 4가지 특성

1. 혼동을 일으키지 않고 명확할 것, 모방하지 않고 독창적일 것, 기능성이 있고 조잡하지 않을 것, 잊혀지지 않는 특징이 있을 것
2. 의미심장할 것, 즉 기업의 목적과 사업 성격을 바로 전달해 줄 수 있을 것
3. 눈을 즐겁게 하면서 인지하기가 쉬울 것, 그러나 보아서 나쁜 의미를 내포하지는 않을 것
4. 모든 마케팅 커뮤니케이션 매체에 적용할 수 있고 전체 아이덴티티 프로그램의 포괄체로서 작용할 수 있을 것

자료원: Elinor Selame and Joe Selame(1988), *The Corporate Image*, John Wiley and Sons, p.110

일반적으로 소비자들에게 선호되거나 인기 있는 로고는 다음과 같은 특징이 있다. 브랜드 로고가 명확한 연상을 불러 일으키고 너무 복잡하지 않으면서 정교하고, 대칭적이며 균형을 이루고 있고 자연스러운 형태를 가지고 있다(Henderson and Cote, 1998). 그리고 이러한 브랜드 로고는 1.28cm(one-half inch) 정도로 축소되었을 때에도 가독성(legibility)이 있어야 하며 그리고 원색뿐 아니라 흑백으로 단색 처리하였을 때에서도 시각적으로 잘 나타나고 보여져야 한다(Selame and Selame, 1988).

2.4. 캐릭터(Character)

기업이 브랜드를 소비자들에게 나타내거나 인식시키기 위하여 실제 사람이나 동식물, 기타 자연물 등을 활용하거나 가상의 대상을 일러스트레이션(illustration) 처리하여 사용하기도 하는데, 이것을 캐릭터라고 한다. 캐릭터는 브랜드 심볼을 특수하게 처리하여 나타낸 것으로 마케팅 커뮤니케이션과 같이 브랜드의 응용 차원에서 주로 사용되는 요소이다(Keller, 1998). 이러한 브랜드 캐릭터는 보통 광고를 통하여 도입되고 후속적인 광고 캠페인과 포장 디자인에서 중요한 역할을 한다. 다른 브랜드 요소와 마찬가지고 브랜드 캐릭터는 매우 다양하다. 켈로그의 토니(Tony)나 캐멀(Camel)의 낙타와 같이 특정 동물을 의인화하여 만화 처리한 캐릭터가 있는가 하면 말보로(Marlboro)의 카우보이와 같이 실제 생존하는 사람을 캐릭터로 사용하는 경우도 있다. 보통 만화 처리된 캐릭터가 실물 캐릭터보다 많이 사용되고 있는 것이 일반적이다. 왜냐하면 캐릭터를 만화처리하면 응용하거나 수정하기가 쉽고 제작하는 비용도 실물보다 저렴하기 때문이다. 이러한 캐릭터는 사람이나 동식물을 의인화하여 표현한 것이 대부분인데, 이러한 캐릭터는 대상의 특정한 자세나 동작, 모습을 변형하여 나타낸 것이 많으며 로고나 심볼에 사용되기도 한다. 이러한 캐릭터나 로고를 사용하여 기업은 브랜드를 소비자의 마음 속에 효과적으로 전달할 수 있다(Kotler, 1994).

2.5. 슬로건(Slogan)

슬로건이란 브랜드를 설명하거나 브랜드에 대한 설득적인 정보를 구체적으로 전달하기 위하여 사용하는 간단한 문구이다. 일반적으로 슬로건은 주로 광고에 사용되지만 포장과 같은 마케팅 수단에서 중요한 역할을 담당한다. 브랜드명과 마찬가지로 슬로건은 강력한 브랜딩(branding) 수단으로 사용될 수 있다. 왜냐하면 슬로건은 브랜드 자산을 구축하는데 효율적이면서 간단한 수단이기 때문이다. 슬로건은 해당 브랜드가 무엇이고 그 브랜드를 특별하게 만들어 준다는 측면에서 특정 브랜드의 의미를 소비자가 이해하는 것을 도와주는 유용한 조종 장치(handles)나 연결고리(hooks) 역할을 한다(Keller, 1998). 그리고 슬로건은 브랜드의 시장 전략에 따라 수정될 수 있으며 브랜드명이나 심볼에 부가하여 사용되기도 한다. 슬로건은 브랜드명이나 심볼에 비하여 법적 또는 다른 제약 요인이 많지 않다는 특징이 있다. 슬로건이 브랜딩에서 하는 역할은 다음과 같다(Aaker, 1991). 첫째 슬로건은 브랜드에 대하여 추가적인 연상을 제공하는 역할을 한다. 둘째 슬로건은 브랜드명과 심볼 간에 존재할 수 있는 모호성을 제거해 주는 역할을 한다. 그리고 슬로건은 그 자체로서 브랜드적 명성을 가질 수도 있으며 때에 따라 슬로건을 브랜드로 사용하기도 한다. 마지막으로 브랜드명과 심볼을 강화시켜 줄 수 있다. 이러한 슬로건은 구체적이고 적절하고 기억하기 쉬운 것이 효과적인데, 이것이 가능하면 브랜드와 연결되어 있어야 한다.

2.6. 징글(Jingle)

징글이란 브랜드에 관련한 소리나 음악과 같은 사운드(sound)를 의미하는 것으로 브랜드 정보를 일정 운율을 가진 음성으로 나타낸 것이다. 이러한 징글은 주로 전문 음악가에 의하여 개발된다. 징글은 청취자나 소비자의 마음을 끄는 연결고리와 같은 역할을 하며 브랜드 인지도를 높이기 위한 방법이라는 점에서 중요하다. 이러한 징글은 브랜드명을 명확하고 재미있는 방법으로 소비자에게 부호화하기 위해 종종 반복적으로 사용되기도 한다. 기업 및 브랜드 아이덴티티에서 징글은 두 가지 측면에서 중요하다(Schmitt and Simonson, 1997). 첫째로 매장과 그 밖의 다른 공간에서 징글에 의해 아이덴티티가 향상되며 다른 측면으로 광고와 같은 마케팅 커뮤니케이션에서 아이덴티티를 창출하는 요소로 징글이 사용될 수도 있다. 이러한 예로서 우리나라에도 진출한 스타벅스(Starbucks)에서 브랜드 아이덴티티의 일환으로 스타벅스만의 고유한 음악을 만들어서 매장에 방문한 고객들에게 들려주고 있으며 커피를 달이는 소리(steamer)가 의도적으로 매장 안에 울려 퍼지게 하고 있다(Berry, 2000). 이러한 독특한 음악과 음향은 매우 강한 감정적 자극이므로 소비자의 긍정적 반응을 유도할 수 있고 이를 통해 기업 아이덴티티나 브랜드 아이덴티티를 강화시킬 수 있다. 시각적 아이덴티티 요소는 심상(imagery)을 불러일으킬 수 있는 자극이라는 특징이 있지만 이러한 요소는 상당한 비용 부담 없이는 변경하기 힘들다는 단점이 있다. 반면에 징글과 같은 소리는 바꾸기 쉽고 또한 그 자체적으로 항상 변화하는 성격이 있으므로 단조로움을 피할 수 있고 다양성이나 역동성과 같은 느낌을 전달해 줄 수 있다. 왜냐하면 음악에는 고저와 속도, 강약 등이 있기 때문이다. 이러한 징글과 같은 소리의 효과는 시각적 요소와 마찬가지로 고객이 받는 인상에 영향을 줄 수 있다. 이러한 예로서 과거에 종근당이라는 제약회사가 TV나 라디오 광고의 마지막 부분에 종소리를 사용하여 고객에게 자사만의 독특한 연상을 형성하여 온 사례가 있다.

2.7. 포장(Packaging)

포장은 제품을 보관하거나 감싸는 것을 디자인하고 제조하는 활동이다(Kotler, 1994). 포장은 브랜드를 확인하고 제품에 대한 설명과 설득적인 정보를 전달하는 기능을 하며 제품의 운반과 보호를 용이하게 하며 사용을 편하게 하고 제품 소비를 도와주는 역할을 한다(Keller, 1998). 이러한 포장은 브랜드 및 제품에 대한 보호와 구체적인 제품 정보 제공과 브랜드 로고, 심볼, 색상, 일러스트레이션 등의 시각적인 요소를 전달함으로써 촉진 기능을 수행하는 것으로 제5의 마케팅 요소(The Fifth P)라고까지 불리고 있다. 포장은 브랜드 이미지와 인지도를 향상시키기 위하여 창조되어진 것으로 기능적 특성과 심미적인 특성으로 인해 브랜드 자산을 구축하는데 중요한 역할을 담당할 수 있다. 그러나 이러한 포장의 중요성에도 불구하고 포장의 마케팅적 기능과 역할, 중요성에 대한 연구는 미진한 실정이다. 하지만 최근에 포장의 구성요소인 시각적 및 문자적 요소들에 대한 연구가 이루어지고 있다(Rettie and Brewer, 2000). 특히 소비자가 스스로 쇼핑을 하여 구매하는 제품의 경우나 소비자가 해당 기업의 아이덴티티 요소 중에서 다른 아이덴티니 요소에 노출되는 경우가 적고 주로 포장에 노출되는 제품의 경우, 그리고 소비재 기업들의 경우에는 포장이 기업의 중요한 브랜드 요소로서 핵심 아이덴티티를 형성한다.

참고적으로 브랜드에 관한 법적인 사항으로 등록상표(trademark)가 있다. 등록상표란 차별적인 이름, 사인, 심볼, 또는 디자인이나 이것들의 결합체로서 특정한 판매자의 제품이나 서비스를 식별시켜 주는 것이다(Ward, Light and Goldstine, 1999). 등록상표는 특허청과 같은 정부 기관에 등록된 브랜드로 법적인 보호를 받으며 상표 등록을 한 기업이나 사람만이 해당 브랜드를 독점적으로 사용할 수 있고 이에 대한 배타적인 권리를 갖는다. 즉 등록상표는 법적 보호에 의하여 독점적 사용권이 허용된 상표나 상표의 일부분을 말하는데, 등록상표에 의하여 판매업자는 브랜드명과 브랜드 로고 및 심볼을 독점적으로 사용할 수 있다. 우리나라 상표법 제2조 1항 제1호에서 상표를 상품을 생산·가공·증명 또는 판매하는 것을 업으로 영위하는 자가 자기의 상품을 타인의 상품과 식별되도록 하기 위하여 사용하는 기호·문자·도형 또는 이들을 결합한 것으로 규정하고 있다(특허청, 2000). 최근에는 이러한 등록상표로서 색체상표, 입체상표, 소리상표, 냄새상표 등이 등장하고 있으며 전세계적으로 점차로 이러한 다양한 상표를 인정해 주는 추세를 보이고 있으며 그 범위 또한 확대되어 가고 있다(이유재, 1994).

브랜드라는 것은 이상에서 설명한 브랜드 구성 요소나 이것들의 결합체 이상을 의미할 수 있다(박충환, 1997). 왜냐하면 사람들은 자신의 특정한 라이프스타일을 표현하기 위하여 특정한 브랜드의 화장품이나 의류를 구매하는 경우가 있기 때문이다. 이러한 측면을 고려했을 때 브랜드란 제품, 서비스, 기업에게서 연상되는 적절하고 지속적이고 신뢰할 수 있는 가치를 제공하겠다는 약속으로서 그 약속의 원천을 나타내주는 독특하고 차별적인 아이덴티티라고 할 수 있다(Larry, Light and Ward, 1999). 위에서 설명한 브랜드 구성 요소들을 모두 일컬어 브랜드 아이덴티티(brand identity)를 구성하는 요소라고 하며 이러한 요소들에 의하여 브랜드 인지도와 이미지를 창출하거나 향상시킬 수 있으며 이것을 통하여 브랜드 자산을 구축하여 나갈 수 있는 것이다. 이에 아커(Aaker, 1996)는 브랜드 아이덴티티를 구현하는 요소로서 브랜드명, 심볼, 슬로건, 신제품 등을 제시하였으며 그 중에서도 브랜드명과 심볼이 가장 중요하다고 하였다.

3. 브랜드 아이덴티티(Brand Identity)

세계적인 브랜드와 그렇지 않은 브랜드와의 차이점은 무엇일까에 대한 의문이 있을 수 있다. 이에 대하여 여러 가지 대답이 가능하지만 그것을 아이덴티티 측면에서 파악해 볼 수 있다. 세계적인 브랜드들은 대체로 단순히 제품의 효익을 소비자에게 알리는 것보다는 브랜드 실체(brand identity), 즉 브랜드 아이덴티티를 구축하기 위하여 노력한다(한충민, 1996). 따라서 세계적인 브랜드는 독특한 브랜드 아이덴티티를 가지고 있는 브랜드라고 할 수 있다. 브랜드 아이덴티티란 기업의 마케팅 담당자들에 의하여 창조되는 것으로 특정 브랜드가 추구하는(desired) 이미지를 나타내는 것이다(Keller, 1998). 기업들은 소비자들의 마음속에 해당 브랜드만의 고유한 가치를 구축하고 이것을 소비자들에게 지각시켜 나가기 위해 아이덴티티를 활용한다.

브랜드와 관련하여 많이 사용하고 있는 용어가 자산(equity), 연상(association), 아이덴티티(identity), 이미지(image)이다. 브랜드 자산에 대하여서는 많은 이론적 및 실증적 연구가 이루어져 이에 대하여서는 정의와 나름대로의 체계가 확립되어 있다(Aaker, 1991, 1996, Keller, 1993, 1998). 반면에 브랜드 연상, 브랜드 아이덴티티, 브랜드 이미지에는 의미 혼동이 있어 이에 대한 개념 정립을 할 필요가 있어 이를 정리하였다.

3.1. 브랜드 자산(Brand Equity)

브랜드 자산이란 특정한 브랜드와 그 브랜드의 브랜드명, 심볼에 관련된 자산과 부채의 총계로서 브랜드 자산을 구성하는 자산이나 부채는 해당 브랜드명 또는 심볼과 연관된 것이다(Aaker, 1991). 아커(Aaker, 1991)는 브랜드 자산을 구성하는 브랜드명이나 심볼이 바뀐다면 자산과 부채는 전부 혹은 부분적으로 영향을 받거나 사라질 수도 있으며 단지 일부만이 변경된 브랜드명이나 심볼로 이전될 수 있다고 하였다.

<그림 3> 아커의 브랜드 자산 모형

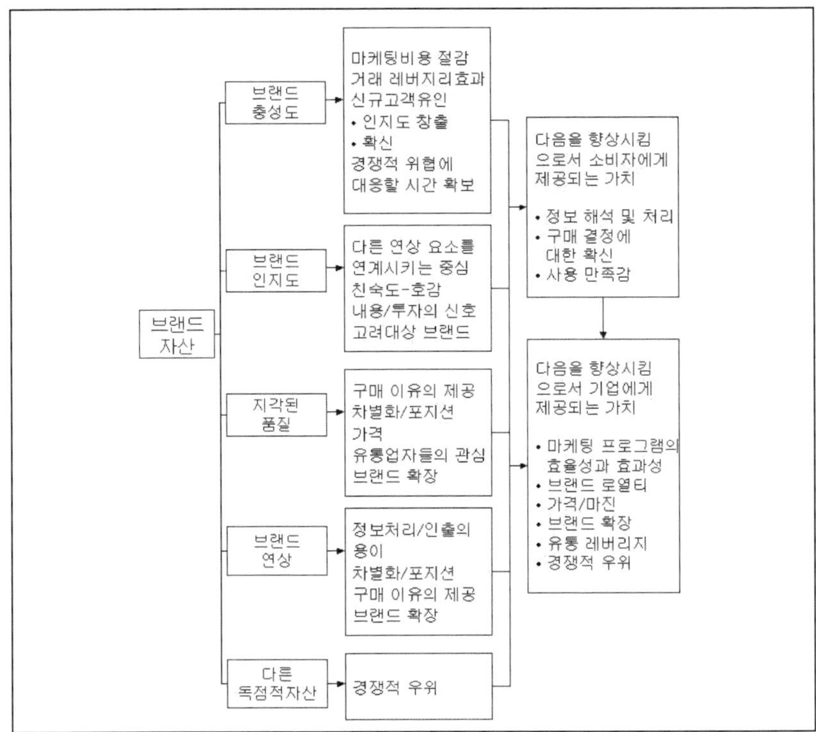

자료원: David A. Aaker(1991), *Managing Brand Equity: Capitalizing on the Value of a Brand Name*, Free Press, p.270

반면에 켈러(Keller, 1993)는 소비자 관점에서 브랜드 자산을 정의하였다. 그는 브랜드 자산이란 특정 서비스나 제품이 브랜드가 없으면 발생하지 않았을 것으로 브랜드에 의하여 나타나는 마케팅 효과로서 제품이나 서비스가 브랜드가 있음으로로써 나타나는 긍정적인 마케팅 성과라고 규정하였다. 그에 의하면 브랜드 자산이란 소비자에 의하여 발생하는 것으로 소비자의 브랜드에 대한 지식이라는 것이다(Keller, 1993). 이에 따라 기업은 소비자에 기반한 브랜드 자산을 구축하여야 한다고 하면서 소비자 기반형 브랜드 자산 구축 모형을 다음과 같이 제시하였다(Keller, 1998).

<그림 4> 켈러의 브랜드 자산 구축 모형

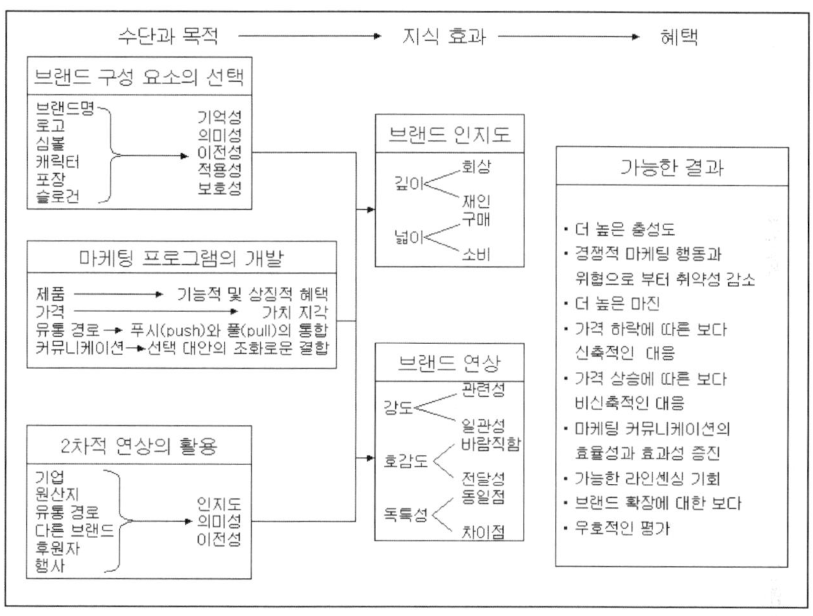

자료원: Kevin L. Keller(1998), *"Strategic Brand Management: Building, Measuring and Managing Brand Equity,"* Prentice-Hall, p.69

일반적으로 이러한 브랜드 자산을 구축하는 방법은 크게 두 가지로 구분할 수 있다(Keller, 1993, Shimp, 2000). 하나는 좋은 브랜드명이나 로고를 선정하는 것과 같은 긍정적인 브랜드 아이덴티티 요소를 선정하는 것이다. 그리고 다른 하나는 브랜드와 연계된 특성이나 혜택간에 호의적이고 강하며 독특한 연상을 소비자 마음속에 심어주기 위한 마케팅 활동과 마케팅 커뮤니케이션 프로그램을 통한 것이다.

브랜드 자산의 측정에 대한 견해는 크게 개별적인 요소에 근거하여 접근하는 관점과 전체적인 합일체로서 브랜드 자산을 파악하는 두 가지 부류의 견해가 있는데 이것을 주요 연구자별로 정리하면 다음과 같다.

<표 4> 브랜드 자산 측정에 대한 접근 방식

	원천(Sources)	결과(Outcomes)
구성 요소에 근거한 (Component)	Keller(1993, 1998) Aaker(1991, 1995, 1996)	Keller(1993, 1998)
전체적 (Holistic)	효용에 근거한(횡단적인):	재무적인 가치(기업간 분석):
	Swait외(1993) Park and Srinivasan(1994)	Simon and Sulllivan(1993)
	효용에 근거한(시계열):	재무적인 가치(기업내 분석)
	Kamakura and Russell(1991)	Farquhar외(1991)

자료원: Tulin Erdem, Joffre Swaitt, Susan Broniarczyk, Dipankar Chakravarti, Jean-Noël Kapferer, Michael Keane, John Roberts, Jan-Denedict E. M. Steenkamp and Florian Zettelmeyer(1999), "Brand Equity, Consumer Learning and Choice," *Marketing Letters*, Vol.10, No.3, p.310

3.2. 브랜드 연상(Brand Association)

기업이 강력한 브랜드 자산을 구축한다는 것은 그것이 브랜드 구성 요소를 선택하는 것이든 브랜드와 관련된 마케팅 프로그램에 의한 것이든 모두가 브랜드에 대한 연상을 형성하기 위한 것이다(Keller, 1993, Aaker, 1996). 브랜드 연상(brand association)이란 브랜드와 "연계된(linked)" 기억 속의 모든 것(anything)을 의미한다(Aaker, 1991, 1996). 브랜드에 관련된 여러 가지 연상들은 사람에게 어떠한 의미를 전달하며, 이러한 연상들은 기업과 소비자들에게 여러 가지 가치를 제공한다. 브랜드가 제공하는 가치는 소비자 측면에서 보면 정보처리 및 검색 향상, 구매 이유 제공 등이 있고 기업 측면에서는 소비자의 긍정적인 태도와 감정 창출, 마케팅 비용 절감, 브랜드 확장의 기반 제공 등이 있다. 여기서 브랜드 연상이란 브랜드가 상기시켜 주는 특정한 이미지와 관련이 있다. 브랜드 이미지는 의미를 지니고 조직화된 연상들의 집합을 의미한다. 이러한 브랜드 연상은 연상이 가지고 있는 강도, 호감도, 독특성이 브랜드마다 각기 다른 것이 보통이다(Keller, 1998). 브랜드에 대한 연상은 많은 경험 또는 커뮤니케이션 매체 노출에 기반하였을 때 보다 강해지며, 다른 연상들과 연계가 이루어질 때 더욱 강화된다(Aaker, 1991). 브랜드에 관련한 연상은 다양한 유형으로 나타나고 있으며 중요한 것은 연상이 제품과 관련한 소비자 의사결정 및 구매 행동에 직·간접적으로 영향을 미친다는 것이다. 아커(Aaker, 1991)는 브랜드 연상을 제품 특성, 무형성, 소비자 혜택, 상대적인 가격, 사용성/활용성, 사용자/소비자, 명성/사람, 라이프스타일/개성, 제품 종류, 경쟁사, 국가/지역적 범위와 같이 11가지 항목으로 구분하였다. 이와 유사하게 켈러는 브랜드 연상을 6개의 범주(기업, 원산지, 유통경로, 다른 브랜드, 후원자, 행사)로 분류하였다(Keller, 1998). 이러한 브랜드 연상들은 소비자의 마음 속에 떠오르는 하나 또는 그 이상의 이미지, 그리고 기억 속의 심상이 되기도 하며 이러한 브랜드 연상에 의하여 브랜드 이미지가 형성된다. 브랜드 이미지는 브랜드 지식의 구성 요소로서 보통 브랜드 연상의 유형(속성, 편익, 태도), 호의성, 강도, 독특성으로 이루어져 있는 것으로 파악되고 있다(Keller, 1993). 결국 브랜드 자산이란 브랜드 연상의 집합이며 브랜드 연상에 의하여 브랜드 이미지가 형성되는 것이다. 환언하면 이미지는 소비자가 특정 브랜드에 대해 갖는 전체적인 인상을 의미하는 것으로 브랜드 이미지는 브랜드와 관련된 여러 연상들이 결합되어 형성되는 것이라고 할 수 있다(안광호, 한상만, 전성률, 1999). 하지만 이러한 브랜드 자산의 구성 개념 요소인 브랜드 아이덴티티와 브랜드 이미지에 대하여서는 현재 개념적인 혼란이 존재하고 있다. 일반 사람들은 이미지와 아이덴티티를 구분하지 못하고 있으며 심지어 브랜드 연구자나 전문가들조차도 이에 대하여 서로 다른 정의를 사용하고 있다(Aaker, 1996, Keller, 1998). 이러한 현상은 기업을 대상으로 한 브랜딩, 즉 기업 아이덴티티(corporate identity) 분야의 전문가들조차 아이덴티티와 이미지라는 용어를 혼동하여 사용하고 있는 것에서도 나타난다. 이에 따라 기업 아이덴티티 프로그램에 대한 혼동과 회의론까지 대두하기도 한다(Fombrun, 1996). 그러므로 아이덴티티와 이미지에 대한 구분이 필요하다고 판단된다. 왜냐하면 아이덴티티와 이미지는 그 개념상 차이가 명확하게 존재하기 때문이다. 따라서 우선 이에 대한 개념 정리를 하고자 한다. 브랜드 아이덴티티와 브랜드 이미지를 브랜드와 아이덴티티, 이미지의 합성어라고 했을 때 이들의 공동 요소인 브랜드에 대하여서는 전술한 바와 같이 합의된 정의가 존재한다. 그러나 아이덴티티와 이미지에 대하여서는 개념상의 혼동이 존재하며 이에 의하여 위와 같은 문제가 발생한 것으로 사려된다. 이에 대하여 어떤 전문가는 아이덴티티와 이미지라는 개념은 사과와 오렌지만큼이나 다른 것이지만, 같은 나무에서 자라는 것처럼 보이기 때문에 혼동이 발생한다는 견해를 제시했다(Selame and Selame, 1988). 이러한 현상이 발생하게 된 원인 중에 하나는 아이덴티티와 이미지라는 개념이 심리학과 같은 다른 학문 분야에서 사용하는 것을 주의하지 않고 원용한 데에서 비롯되었다고 판단된다. 특히 이러한 경향은 마케팅 및 디자인 분야에서 더욱 두드러지게 나타나고 있다. 그러나 심리학에서는 이미지와 아이덴티티를 구분하고 있다. 따라서 브랜드 아이덴티티를 논하기에 앞서 아이덴티티와 이미지의 개념적인 이해와 정리를 하고자 한다.

3.3. 브랜드 아이덴티티(Brand Identity)

아이덴티티(identity)는 사전적으로 정체성, 주체성, 동일성, 자기동일성, 주체성 등을 의미한다. 1950년대 미국의 심리학자인 에릭슨(Erik H. Erikson)이 아이덴티티라는 개념을 심리학에서 처음 사용하면서 아이덴티티라는 용어가 도입되었고 현재는 일반화되어 마케팅, 경영학, 조직학, 논리학, 철학, 심리학, 사회학, 정신의학 등에서 널리 사용되고 있다. 보통 아이덴티티는 개념적으로 무엇과 어떤 것이 동일하다는 의미로서 자체에 대한 내부 개념을 뜻한다(박아청, 1993). 보통 아이덴티티는 다음과 같은 특징이 있는 것으로 파악되고 있다.

<표 5> 아이덴티티의 특징

① 통일성	아이덴티티는 다른 개념과는 달리 어떤 대상에 대한 통일된 것을 의미한다. 아이덴티티를 구성하는 요소는 한 가지의 단일 차원이 아니라 복합적으로 여러 요소가 조합되어 있는 결합체이다. 따라서 아이덴티티란 다양한 요소들을 일관성을 가지고 통일되어 조화롭게 결합된 것으로 각 요소가 통합되어 이루어진 총체적인 것이라고 할 수 있다.
② 포용성	아이덴티티는 어느 대상의 추구하는 전체적인 모습에 의하며 부분적인 요소들이 결정된다. 이에 따라 다양한 구성 요소들의 포함 여부와 그 요소들의 특징이 결정된다. 이러한 아이덴티티의 포용성에 의하여 향후에 추구하는 모습이나 심상에 의해 구성 요소의 적절성이 판단되고 이에 의하여 포용 여부가 결정된다. 즉 아이덴티티에 의해 추구하고자 하는 모습이 형성되며 이에 의하여 다양한 개별 아이덴티티 요소의 포용 여부가 결정된다.
③ 전체성	아이덴티티의 개념은 전체를 구성하는 각 부분 요소들이나 현상을 자세히 분석하는 것이 아니라 이러한 요소들을 모두 받아들여 종합적으로 통합해서 전체로서 인식된다는 특징이 있다. 이에 따라 아이덴티티란 개별 요소의 합이 아닌 다른 실체가 되기도 한다.

자료원: 박아청(1993), *아이덴티티*, 교육문화사를 연구자가 정리함

결국 아이덴티티란 어떤 실체가 자신이 나타내고자 하는 내적 자아의 의미를 다양한 구성 요소들을 조화롭게 결합하여 의도적으로 표현한 것이라고 할 수 있다. 따라서 아이덴티티가 브랜드나 기업에 사용될 경우에 아이덴티티의 의미는 해당 브랜드나 기업의 내부 구성원이 해당 대상에 대하여 가지고 있는 자체 개념으로 내적 자아를 표현한 것이라고 할 수 있다(Schmitt and Simonson, 1997). 즉 아이덴티티는 기업이나 브랜드에 대하여 내부에서 자

체적으로 어떻게 생각하고 있으며 외부에 비추어지기를 원하는 것을 의미한다고 할 수 있다(Fombrun, 1996). 특히 아이덴티티가 브랜드에 적용될 때에는 특정 기업이 자신이 소유하고 있는 브랜드의 개념적 의미를 기업 이해관계자, 특히 소비자들에게 의도적으로 전달하고자 하는 것이다. 이러한 아이덴티티 구성 요소들은 주로 시각적 표현체들로 이루어져 있고 시각적인 차원에서 가시화되므로 소비자들은 아이덴티티를 시각을 통해서 주로 지각하게 된다. 따라서 로고, 심볼, 캐릭터 등과 같은 브랜드 구성 요소들이 주요 아이덴티티 요소가 되고 시각적 표현물을 통해서 표현된 것이 시각적 브랜드 아이덴티티이다.

3.4. 브랜드 이미지(Brand Image)

이미지(image)란 형상, 모습, 심상, 영상 등으로 번역되는데, 이 단어의 어원은 라틴어의 imago로서 '모방하다'라는 의미를 지니고 있다. 이미지는 어원적으로 어떤 대상을 모방한 것에서 형성된 것이라는 의미로서 어떤 대상에 대한 재현이라고 할 수 있다. 이미지는 사람이 주어진 자극을 지각하는 단계에서 과거의 경험이나 개인의 주관적인 가치나 의식 체계와 상호 작용하여 실상과 허상이 복합적으로 연결되어 형성된 특정한 의미를 불러일으키는 형체, 형상 또는 감각적 대상체이다. 이러한 이미지는 주로 시각에 의하여 형성되므로 실체에 대한 시각적 잔상이라는 특징이 있다. 언어적 표상은 대상의 모습이나 물리적인 특성에 대하여 지각하는 감각과의 관련성이 없거나 약할 수 있다. 그리고 언어적 표상은 임의적이고 자의적인 표상이라는 성격이 있는데 반하여 이미지는 감각과 직접적으로 관련되는 표상이라는 특성이 있다.

인간의 감각기관에는 시각, 청각, 촉각, 미각, 후각 등의 오감이 있는데, 이미지는 이 중에서도 시각에 의하여 주로 형성된다. 따라서 이미지라는 것은 시각 이외의 다른 감각기관을 통하여 형성되기도 하지만 주로 시각을 통해서 형성되기 때문에 이미지라고 하면 주로 시각적인 것을 의미한다. 기업의 측면에서 이미지에 관련되는 것은 크게 기업, 브랜드, 제품이다. 소비자는 기업에 대한 이미지, 브랜드에 대한 이미지, 제품에 대한 이미지를 가지고 있다. 따라서 이미지를 브랜드나 기업에 연결시키면 기업이나 브랜드가 외부에 어떻게 비추어지고 있는 지 또는 외부에서 어떻게 지각하고 있는지를 의미하는 개념이 이미지라고 할 수 있다 (Fombrun, 1996). 소비자는 제품 품질, 디자인, 가격, 구매 편리성, A/S 등과 같은 여러 단편적인 정보에 대하여 일일이 지각하고 평가하기에는 자신의 능력과 주어진 시간이 부족하므로 소비자는 각 부분을 통합한 전체적인 자기 평가를 바탕으로 의사결정을 하려는 경향이 있다. 이에 따라 소비자는 수 많은 기업의 마케팅 정보를 브랜드, 제품, 기업의 이미지로 재구성하는데 이에 기반이 되는 것이 이미지이다. 이미지(image)는 다양한 원천에서 나온 정보를 처리하여 형성한 대상에 대한 총체적 지각(total perception)이라고 할 수 있다(임종원, 이유재, 김재일, 홍성태, 1998). 따라서 브랜드 이미지는 소비자가 특정 브랜드에 대하여 가지고 있는 전체적인 인상이라고 할 수 있다. 이처럼 소비자가 특정 브랜드에 대해 가지고 있는 전체적인 인상이라는 브랜드 이미지는 브랜드와 관련된 여러 연상들이 결합되어 형성된 것이다(안광호, 한상만, 전성률, 1999). 결국 브랜드 이미지란 소비자가 지각하고 있는 심삼을 의미하고 아이덴티티란 브랜드 자신의 동일성과 일관성을 유지하기 위한 시도로서 나타나는 외부에 대한 기업 및 브랜드 자체의 능동적 표현이라고 할 수 있다.

브랜드 이미지는 상황에 따라 여러 가지 긍정적인 것과 부정적인 것이 혼합되어 있을 수 있다. 이에 따라 소비자는 특정 브랜드에 대하여 부분적으로 부정적인 이미지를 가지고 있을 수도 있다. 한편 소비자는 어떤 브랜드나 기업에 대하여 하나 이상의 다양한 이미지를 가지고 있을 수도 있다. 이렇게 소비자가 하나의 브랜드에 대하여 다양한 이미지를 가지고 있을 때, 이들 다양한 이미지들은 서로 일치하지 않거나 상충적일 수도 있다. 때에 따라서는 이러한 요소들이 기업이나 브랜드의 명성에 해를 끼칠 수도 있다. 또한 어떤 이미지는 브랜드의 의미인 브랜드 컨셉(brand concept)과 어울리지 않을 수도 있으며, 어떤 이미지는 해당 브랜드의 핵심적 특징이 제대로 표현되어 있는 것이 아닐 수도 있다. 이에 따라서 이러한 것들을 조정하고 통제하기 위한 체계가 필요한 데 이것이 바로 브랜드 아이덴티티 프로그램이다. 따라서 브랜드 아이덴티티 프로그램의 목적은 브랜드나 기업이 제시하고자 하는 이미지의 일관성을 달성하려고 하는 것이라고 할 수 있다(Fombrun, 1996).

브랜드 아이덴티티란 기업이 해당 브랜드에 대하여 구축하고자 하는 특정 브랜드만의 독특한 연상 이미지의 집합이라고 하였다(Aaker, 1996). 즉 브랜드 아이덴티티는 기업의 브랜드 전략가들이 창조하고 유지하기를 원하는 브랜드 연상들의 독특한 집합으로 이러한 연상들은 브랜드가 상징하는 것을 나타내고 기업 구성원들의 고객에 대한 약속을 의미한다. 브랜드 아이덴티티는 특정 브랜드에 대한 기능적, 감정적, 자아 표현적 혜택이 포함된 가치

제안을 통하여 고객과 브랜드간의 관계를 정립하는데 도움을 주며 이에 주요한 역할을 하는 요소가 위에서 설명한 브랜드 구성요소이다. 즉 브랜드 아이덴티티 요소란 브랜드에 대한 인지도와 이미지 향상에 기여할 수 있는 모든 브랜드 요소라고 할 수 있다. 기업은 브랜드 아이덴티티 요소를 통해서 특정 브랜드와 소비자와의 우호적인 관계를 구축하기 위하여 노력한다. 이러한 시도로서 기업은 브랜드 아이덴티티의 일환으로 해당 브랜드의 포지셔닝(positioning)과 개성(personality)을 활용한다. 그리고 이에 필요한 수단으로 등장하는 것이 브랜드명과 심볼 등과 같은 브랜드 구성 요소이다. 결국 브랜드 아이덴티티 시스템(brand identity system)이란 고객과의 우호적인 관계를 구축하는 체계로서 브랜드 아이덴티티 요소의 선정과 결합을 통하여 고객과의 긴밀한 관계를 형성해 나가는 방식이라고 할 수 있다. 이러한 브랜드 아이덴티티 시스템은 4가지 관점으로 이루어진 12개의 차원으로 이루어져 있다(Aaker, 1996)-제품으로서 브랜드(제품의 범위, 제품 특징, 품질/가치, 용도, 사용자, 원산지), 조직으로서 브랜드(조직 특성, 지역 대 세계), 사람으로서 브랜드(브랜드 개성, 브랜드와 소비자와의 관계), 상징으로서 브랜드(시각적 형상 이미지, 은유, 브랜드 전통). 코틀러(Kotler, 1999)는 브랜드를 구축하려면 브랜드 이미지를 강화하고 잘 전달할 수 있는 여러 가지 수단이 필요하다고 하면서 강력한 브랜드 아이덴티티를 구축하는데 필요한 브랜드 요소로서 브랜드명, 해당 브랜드를 전속적으로 나타내줄 수 있는 단어(owned word), 심볼, 색상, 슬로건, 그리고 일련의 이야기들을 들고 있다.

기업에서 성공적으로 브랜드를 창안해 낸다는 것은 해당 브랜

드만의 고유한 브랜드 아이덴티티(그 아이덴티티가 무엇을 나타
내며 그것이 효율적으로 표현되는)를 어떻게 개발하고 그것을 소
비자에게 성공적으로 인식시키는 것을 의미한다(Aaker, 1996). 그
러므로 브랜드 관리란 소비자의 품질에 대한 지각을 향상시키기
위하여 실행 가능한 브랜드명을 선택하고 브랜드에 대한 적절한
상징화와 연상을 주변화 하는 과업이라고 할 수 있다(Schmitt
and Pan, 1994). 이상으로 위에서 살펴본 브랜드 아이덴티티와
이미지와의 관계와 특징에 대하여 정리하면 다음과 같다.

〈표 6〉 브랜드 이미지와 브랜드 아이덴티티와의 관계

브랜드 이미지 (Brand Image)	브랜드 아이덴티티 (Brand Identity)	브랜드 포지션 (Brand Position)
➤ 브랜드가 현재 어떻게 지각되는가?	➤ 담당 전략가들은 브랜드가 어떻게 지각되기를 원하는가?	➤ 브랜드 아이덴티티와 가치제안의 일부로서 목표 고객에게 활발하게 커뮤니케이션 되는 것

자료원: David A. Aaker(1996), *Building Strong Brands*, Free Press, p.71

요약하면 브랜드 이미지란 브랜드 연상에 의하여 형성된 브랜드
에 대한 과거에서 현재까지의 모습이며 타인의 지각이라고 할 수
있다. 반면에 브랜드 아이덴티티란 브랜드를 소유하고 있는 기업
의 마케팅 담당자가 기업 이해관계자, 특히 소비자에게 전달하고
자 하는 브랜드의 정수(essence)로서 자체의 의미 또는 향후에 추
구하는 이미지라고 할 수 있다. 그리고 이 둘 사이에 브랜드 포지
션이라는 것이 개입이 된다. 브랜드 포지션(brand position)이란 브
랜드 아이덴티티의 일부분으로 목표 소비자들에게 적극적으로 커

뮤니케이션되고 있는 경쟁 브랜드에 대비한 장점을 나타내주는 가치 제안 명제로서 현재 브랜드 아이덴티티를 구축하거나 강화하기 위하여 기업이 행하는 모든 마케팅 활동이라고 할 수 있다.

<표 7> 브랜드 이미지와 브랜드 아이덴티티와의 비교

브랜드 이미지	브랜드 아이덴티티
➤ 소비자의 브랜드에 대한 실제 지각 ➤ 수동적, 소극적 ➤ 과거적 ➤ 기업 외부의 이해관계자, 특히 소비자들이 해당 브랜드에 대하여 지각하고 있는 것	➤ 기업의 브랜드에 대한 의도된 표현 ➤ 적극적, 능동적 ➤ 미래적 ➤ 기업 내부의 의도로서 기업의 브랜드 마케팅 담당자가 소비자에게 전달하고자 하는 브랜드의 의미

결국 브랜드 아이덴티티 프로그램이란 브랜드 이미지와 브랜드 아이덴티티 사이에 부조화나 괴리가 발생하고 이것을 브랜드 담당자가 바로 통제하거나 조정할 수 없을 때 이러한 문제를 해결하기 위하여 시행되는 일련의 마케팅 활동이라고 할 수 있다(Keller, 1998). 이것은 기업이 시장에서 성공적으로 브랜드를 창안해 내거나 관리, 운영해 나가기 위한 체계화된 유형적(가시적 또는 시각적) 및 무형적 요소가 결합된 일련의 행동 체계라고 할 수 있다. 따라서 브랜드 아이덴티티의 구축과 관리란 기업이 실행 가능한 브랜드명을 선정하고 브랜드에 적절한 이미지를 정립하고 기업과 제품에 대한 고객의 품질 지각을 향상시키기 위한 활동이라고 할 수 있다(Schmitt and Pan, 1994).

4. 브랜딩(Branding)

4.1. 브랜딩에 대한 정의

브랜딩이란 소비자들에게 제품을 보다 의미 있게 만들기 위한 노력들을 의미한다(Calder and Reagan, 2001). 브랜딩은 브랜드의 가시적 구성 요소와 비가시적 요소들을 가치(들)와 결합하고 전달하고 유지함으로써 브랜드의 모습이나 전체적인 형태(gestalt)를 만들어 가는 것으로서 소비자들에게 해당 기업이나 제품을 경쟁사의 그것과 적절하고 의미 있게 차별화시켜 나가는 활동이라고 할 수 있다(Murphy, 1992). 일반적으로 브랜딩이란 특정 브랜드의 의미나 개념(brand meaning or brand concept)을 브랜드 아이덴티티 요소를 활용하여 고객에게 전달하고 표현하는 활동인데 성공적인 브랜딩이 되기 위해서는 독특하고 신뢰적이며 기억이 용이한 아이덴티티가 있어야 한다. 이러한 브랜딩은 고객에게 혜택을 제공하는 브랜드의 특징, 구성 요소, 마케팅 프로그램을 통해서 이루어진다(Aaker, 1996). 결국 기업의 브랜딩 전략이란 기업의 공통적이고 차별적인 브랜드 특성과 브랜드 구성 요소들을 기업에서 판매하는 다양한 제품이나 서비스에 적용하는 것을 의미한다(Keller, 1998). 이것은 기업의 기존 제품과 새로운 제품에 적용되는 브랜드의 기존 구성 요소와 신규 구성 요소들에 대한 의사결정에 관련된 사항이라고 할 수 있다. 이러한 브랜딩의 대상으로는 기업, 제품, 서비스 등이 있으며 기관, 사람, 장소 등으로 그 대상이 확대되고 있다(Arnold, 1992).

4.2. 일반적인 브랜딩 2요소

브랜드 구성 요소를 여러 가지 기준에 따라 다양하게 분류하는 것이 가능하다(de Chernatony and Riley, 1998). 보통 브랜드를 구성하는 요소는 유형적인, 즉 가시적인 요소로서 시각적인 요소와 무형적인 요소인 언어적인 요소로 구분이 될 수 있다. 이러한 요소들을 통하여 소비자는 특정 브랜드를 인지하게 된다. 브랜드에 관한 기존 연구들에서 나타난 브랜드 요소들을 연구자별로 가시적인 요소인 시각적인 요소와 비가시적인 요소로 구분한 것을 정리하면 다음과 같다.

<표 8> 브랜드 모형

저자	가시적이고 시각적인 요소	비가시적 요소
Aaker(1991)	심볼과 슬로건	아이덴티티, 기업 브랜드, 통합적 커뮤니케이션, 소비자관계
Bailey and Schechter(1994)	브랜드명, 로고, 색상, 브랜드 마크, 광고 슬로건	
Biggar and Selame(1992)	브랜드명, 등록상표	포지셔닝, 브랜드커뮤니케이션
DMB and B(1993)	제품 배달	사용자 식별; 꿈의 공유 기회
De Chernatony(1993)	기능적 가능성, 브랜드명, 법적 보호성	상징적 가치, 서비스, 소유의 표시, 약칭형 표시
de Chernatony and McWilliam(1989)	기능성	대표성
Dyson 외(1996)	존재성과 성능(능력)	관련성, 우위성, 연계성
Crossman(1994)	차별적인 브랜드명, 로고타입, 그래픽과 물리적 디자인	
Kapferer(1992)	물리적 형태	개성, 관계, 문화, 반영성, 자아이미지
O'Malley(1991)	기능적 가치들	사회적 및 개인적 가치들
Young and Rubicam(1994)	차별화	관련성, 명성, 친숙성

자료원: Leslie de Chernatony and Francesca Dalli'Olmo Riley(1998), "Modelling the Components of the Brand," *European Journal of Marketing*, Vol.32, No.11/12, p.1076

이상의 브랜드 분류를 본 연구 차원에서 브랜드 구성 요소를 유형적인 요소와 무형적인 요소로 구분하여 정리하면 다음과 같다.

4.2.1. 유형적인 요소

브랜드의 유형적인 요소는 시각에 의하여 지각되는 가시적인 구성 요소를 의미한다고 할 수 있다. 일반적으로 사람은 정보의 70% 이상을 시각을 통하여 받아 들인다. 사람들은 특정 브랜드의 로고나 심볼을 보았을 때 해당 브랜드를 지각하고 이에 대한 태도를 형성하거나 평가를 한다. 즉, 소비자는 브랜드의 시각적인 요소에 의하여 특정 브랜드에 대하여 인지하고 태도를 형성한다는 것이다. 소비자는 브랜드를 브랜드명의 독특한 표현 방식인 로고에 표현된 서체의 선 굵기나 형태, 색상, 크기와 언어, 심볼의 모양, 색상 등을 통해 해당 브랜드에 대한 지각을 하고 이에 따라 의미를 부여하고 태도를 형성하다. 이에 따라 브랜드의 시각화란 기업 또는 브랜드에 대한 소비자 반응이나 평가를 긍정적으로 유도하고 이것을 강화하기 위하여 디자인되고 가시화된 것이라고 할 수 있다.

4.2.2. 무형적인 요소

소비자는 시각 이외에도 다양한 감각기관을 통하여 브랜드에 대한 인지를 한다. 특히 귀라는 청각기관을 통하여 브랜드에 대하여 듣거나 입이라는 발음기관을 통하여 브랜드명을 발음하면서 소비자는 해당 브랜드에 대하여 인지하고 느끼고 평가를 한다. 소비자들은 청각기관을 통하여 브랜드명을 지각하는데, 일반적으로 브랜드명의 의미성 정도, 음의 특성(예를 들어 무성음과 유성음)에 따라 다른 반응과 연상이 이루어진다. 보통 사람들은 의성어나 의태어, 동음 반복성, 특정 언어 등에 따라 다른 반응을 보인다(Klink, 2000). 따라서 브랜드명의 청각적인 차원을 고려하여 긍정적인 연상을 하게 할 수 있고 잘 기억되며 강하게 호소하여 해당 브랜드에 대한 인지도를 높일 수 있는 브랜드명을 개발하는 것이 필요하다.

결국 브랜딩이란 브랜드 의미(brand meaning)를 전달하기 위하여 브랜드를 구성하는 유형적인 요인인 시각적인 요소와 무형적인 요인인 언어적인 요소를 결합하여 브랜드에 대한 소비자의 긍정적인 반응을 유도하고 이를 통하여 보다 강하고 우호적인 관계를 형성하기 위한 기업의 브랜드에 관한 의사결정 및 이에 따른 적극적인 마케팅 활동이라고 할 수 있다.

5. 브랜드 개발 과정

기업의 브랜드 개발 과정은 기업마다 다르며 개발되는 브랜드 요소와 그 범위에 따라서 개발 과정의 내용과 정도가 달라진다. 브랜드 개발 과정은 브랜드 아이덴티티 개발 과정과 브랜드명 개발 과정의 두 가지로 대별할 수 있다. 브랜드 아이덴티티 개발이란 전체적인 관점에서 가능한 모든 브랜드 구성 요소(브랜드명, 로고, 심볼, 캐릭터, 징글, 슬로건, 포장 등) 개발을 통해 경쟁 브랜드와 차별적이며 소비자가 호감을 갖게 하는 브랜드 체계를 수립하는 것이다. 반면에 브랜드명 개발이란 기업의 특정 제품이나 서비스에 필요한 이름만을 개발하는 것이다. 브랜드 아이덴티티 개발 과정에는 브랜드에 대한 디자인이 매우 중요하다. 하지만 브랜드명 개발에는 단순히 제품이나 서비스에 적합한 브랜드명만을 개발하는 것이므로 상대적으로 디자인 요소가 중요한 위치를 차지하지 않는다. 그러므로 브랜드명 개발이란 브랜드에 필요한 이름만을 개발하는 것이고 브랜드 아이덴티티 개발이란 차별적인 아이덴티티 형성에 필요한 제반 브랜드 구성 요소들을 개발하는 것이라고 할 수 있다. 그런데 기업의 마케팅 담당자는 브랜드명 개발에 대하여서는 자주 접하여 이에 대한 상당한 지식을 보유하고 있지만 로고 개발과 같은 시각적 요소 개발은 매우 드물게 일어나기 때문에 이에 대한 지식이 부족한 것이 보통이다(Henderson and Cote, 1998). 참고로 기업에서 이루어지는 일반적인 브랜드 아이덴티티 개발 과정은 다음과 같다.

<그림 5> 브랜드 아이덴티티 개발 과정

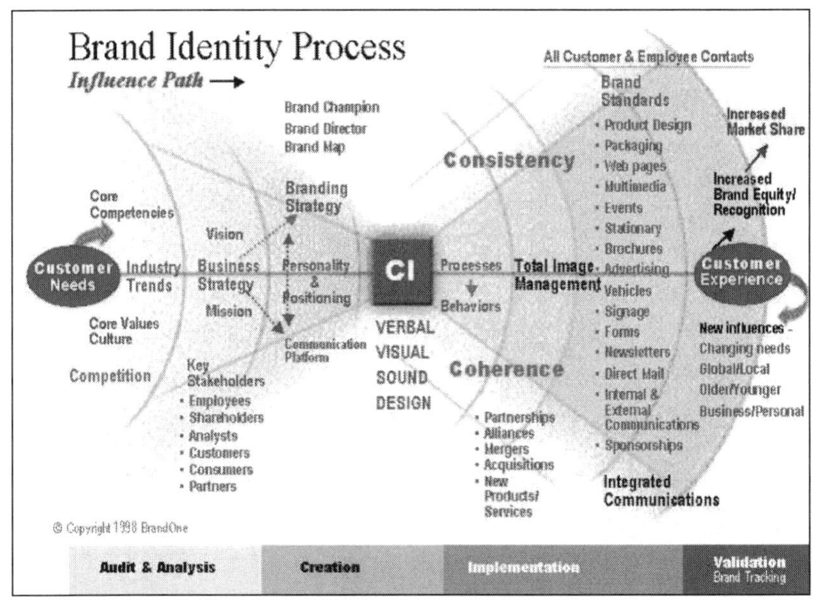

자료원: Jean-Leon Bouchenoire(2000), "Brand Integration: Total Image Management," *Design Management Journal*, Vol.11, No.2, Spring, p.11

5.1. 브랜드명 개발 과정

모든 기업의 브랜드명 개발에 적용되는 통일된 방법은 없으나 일반적으로 사용되고 있는 브랜드명 개발 과정은 다음과 같다.

<그림 6> 브랜드명 개발 과정

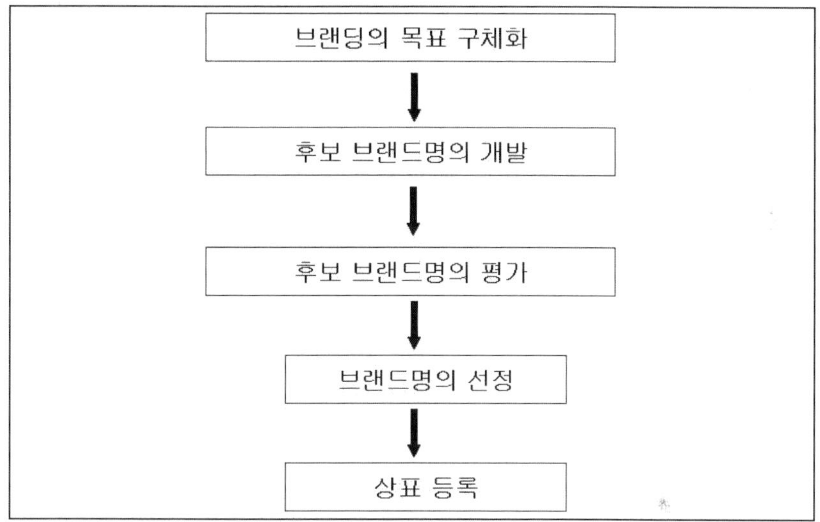

자료원: Chiranjeev Kohli and Douglas W. Labahn(1997), "Observations: Creating Effective Brand Names: A Study of the Naming Process," *Journal of Advertising Research*, January-February, p.69

위의 도표는 브랜드명을 개발하는 기업 자체의 입장에서의 브랜드명 개발 과정이다. 그러나 점차로 브랜드명을 포함한 전체적인 브랜드 아이덴티티 개발이 기업 외부의 브랜딩 전문 기업(branding company)에 의하여 이루어지는 경향이 증가하고 있다(Keller, 1998). 이들 기업에서 이루어지는 브랜드 개발 과정은 위의 과정보다 보다 정교하고 체계적인 과정으로 이루어지고 있는 것으로 파악되고 있다. 세계적인 유명 브랜딩 기업인 인터브랜드

(Interbrand)사의 브랜드명 개발 과정을 살펴보면 다음과 같다.

<그림 7> 인터브랜드(Interbrand)사의 브랜드명 개발(Naming) 과정

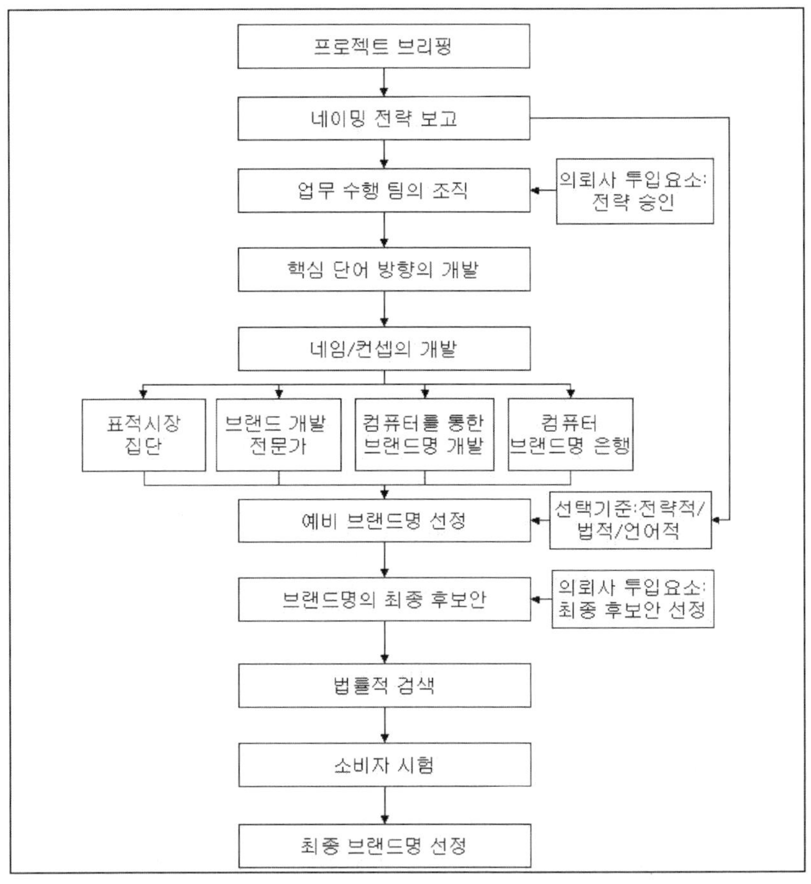

자료원: Kevin L. Keller(1998), Strategic Brand Management: *Building, Measuring and Managing Brand Equity*, Prentice-Hall, p.142

기업의 브랜드명 개발은 브랜드 아이덴티티 개발에 비하여 자주 발생하며 브랜드 아이덴티티에 비하여 비용도 덜 드는 편이다.

보통 기업의 브랜드명 개발에는 다양한 관계자들이 개입된다. 우선 브랜드명 개발 과정에 관계되는 사람들은 사내 직원, 담당자, 외부의 브랜드 전문가 및 브랜딩 전문 기업, 유통업자, 소비자 등이다. 그 중에서도 소비자가 개입되는 경우에 브랜드명 개발 성과를 향상시킬 수 있다(Shipley, Hooley and Wallace, 1988)

제 2 절 브랜딩에 관한 기존 연구

브랜딩은 크게 무형적인 요소로서 언어적인 부분과 유형적인 요소로서 시각적인 부분의 결합에 의하여 이루어진다고 할 수 있다. 본 연구에서 다루는 분야는 언어적인 부분에 관련된 요소로서 브랜드명, 시각적인 요소에 관련된 요소로서 브랜드 로고 심볼, 그리고 조정 변수로서 제품 지식이다. 이에 따라 기존에 브랜드 및 소비자행동에서 이루어진 연구들 중에서 본 연구에 관련되는 문헌들을 브랜드명, 시각적 정보처리, 제품 지식에 관점에서 정리하였다. 기업은 브랜드 아이덴티티를 형성하는데 필요한 다양한 이미지를 창출해내기 위해 브랜드명을 활용한다. 브랜드명에 관련한 아이덴티티 형성 요소는 의미적 요소, 음성적 요소, 시각적 요소 등이 있는데 이에 따라 기존 연구를 살펴보면 다음과 같다.

1. 브랜드명에 관한 연구

브랜드명이란 브랜드의 이름으로 사람이 발음하거나 들을 수 있는 언어, 단어, 문자, 숫자 등이 결합되어 이루어진 것이다. 일반적으로 브랜드명은 경쟁사가 쉽게 모방할 수 없는 것으로 제품이나 기업을 차별할 수 있는 특징을 가지고 있다. 시장에서 확고하게 정립된 브랜드명은 새로운 경쟁자에게 진입 장벽의 역할을 한다. 효과적인 브랜드명은 브랜드 인지도를 향상시킬 수 있고 제품에 대한 소비자의 호의적인 태도를 이끌어 낼 수 있다(Aaker, 1991). 또한 브랜드명은 기업의 제품을 시장에서 효과적으로 포지셔닝 하는 역할을 할 수 있다(장대련, 한민희, 2000). 그리고 브랜드명은 브랜드 이미지에 토대가 되기도 한다(Kohli and Labahn, 1997). 이러한 브랜드명은 소비재 및 산업재 모두에 있어 신제품 성공의 주요 요인이 되기도 한다. 따라서 브랜드명은 소비자에게 호소할 수 있어야 하고 시장 성격에 맞는 바람직한 특징이 있어야 한다. 왜냐하면 소비자들은 브랜드명을 통해서 제품에 대한 유추를 하거나 제품 평가의 단서로 활용하기 때문이다. 브랜드명의 기본적인 가치는 브랜드명을 통하여 연상의 집합(브랜드명이 사람들에게 가지는 의미)을 형성할 수 있다는 것이다(Aaker, 1991). 브랜드 연상은 소비자의 구매 의사결정과 브랜드 충성도 형성의 토대가 되며 제품에 대한 소비자의 품질 지각 단서를 제공한다. 브랜드 가치와 관련된 연상은 매우 많으며 또한 그 가치를 나타낼 수 있는 방법도 매우 다양하다. 아커(Aaker, 1991)는 브랜드 연상의 네트워크를 다음과 같이 제시하였다.

<그림 8> 브랜드 연상 네트워크

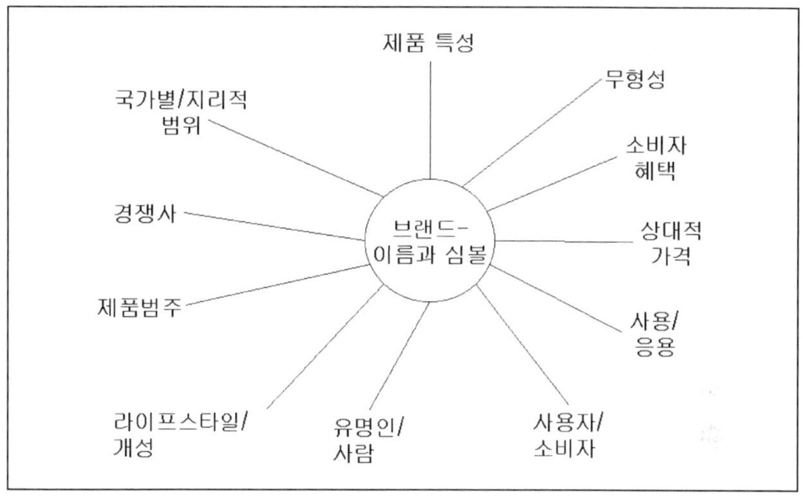

자료원: David A. Aaker(1991), *Managing Brand Equity: Capitalizing on the Value of a Brand Name*, Free Press, p.115

이러한 브랜드 연상의 토대가 되는 브랜드명은 보통 언어로 만들어진다. 간혹 숫자만으로 이루어진 브랜드명이나 숫자와 언어를 결합한 브랜드명도 있으나 대부분의 브랜드명은 특정 언어로 개발되고 해당 언어의 문자로 표현된다. 따라서 브랜드명에 대한 기존 문헌 연구에 앞서서 브랜드명의 언어학적 특징에 대하여 검토해 보았다. 그 이유는 브랜드명이 언어를 통하여 표현되므로 브랜드명에 대한 이론적인 근거가 상당 부분 언어학 이론에 근거를 두고 있기 때문이다. 언어학에서 언어는 보통 3가지 부분으로 구성되어 있는 것으로 파악된다(장석진 외, 1997). 첫 번째 부분은 문법(grammar)을 다루는 구조론(syntax)으로 통시론이라고도 한다. 두 번째 부분은 발음 및 음성에 대한 지식 체계인 음운론(phonology)이고 마지막 요소는 의미론(semantics)으로서 이것은 언어, 단어, 음, 음소의 뜻이나 의미의 체계에 관한 것을 다루는 부분이다. 언어학에서 브랜드명과 관련되는 부분은 주로 음운론과 의미론이다. 브랜드명은 보통 언어학의 구조론 부분인 문법 체계를 벗어나는 경우가 많으므로 브랜드명에 있어 구조론은 크게 중요하지 않는 것으로 판단된다. 따라서 본 문헌 연구에서는 브랜드명의 구조론적 부분을 제외하였다. 따라서 본 문헌 연구는 의미론과 음운론에 대해서만 다루었다.

모든 사물은 명칭을 가지고 있고 이것은 언어를 통해서 표현된다. 그 예로서 사람 개개인의 명칭이 이름이고 특정 기업의 제품 명칭이 브랜드명이다. 소비자들은 자신의 명칭인 이름을 판매사원이 기억해 주는 경우에 판매사원의 구매 요청이나 부탁에 순응하는 정도가 증가하고 구매할 가능성이 높아지는 경향이 있다고 한다(Howard, Gengler and Jain, 1995). 이처럼 이름은 여러 가지 역할을 한다. 소비자들은 자신들이 잘 알고 있는 브랜드명이나 기억하고 있는 브랜드명에 대하여 긍정적으로 반응하는 경향이 있다(Aaker, 1991). 브랜드명을 기억하는 경우에 소비자는 해당 대상에 대하여 우호적인 태도를 보이고 높은 구매 의도를 가질 수 있다.

1.1. 언어 차이에 관한 연구

언어는 특정 사물, 혹은 관념을 표현하거나 지칭하는 기호 체계이다. 브랜드명이란 기업, 제품, 서비스 등과 같은 특정한 대상의 명칭을 언어로 표현한 것이라고 할 수 있다. 따라서 브랜드명 개발이란 기업, 제품, 서비스와 같은 각 대상에 특정한 명칭을 부여하는 것으로 기업이 해당 소비자들에게 해당 대상에 대한 특정한 의미를 전달하기 위하여 언어를 통하여 표현하는 의도적인 활동이라고 할 수 있다. 일반적으로 브랜드명 개발 시에는 해당 대상에 대한 나름대로의 명확한 의미 또는 개념, 이에 대한 목표나 전달하고자 하는 내용이 사전에 정립되어 있다. 브랜드명의 언어적인 차원에 관한 연구는 브랜드명의 의미적인 차원에 관한 연구와 음성적인 차원에 관한 연구로 구별할 수가 있는데 이에 따라 기존 연구를 검토해 보면 다음과 같다.

1.1.1. 브랜드명의 의미성에 관한 연구

브랜드명의 개념적인 의미에 관련되는 부분은 언어학의 의미론이다. 언어학에서 말하는 의미와 브랜드가 뜻하는 어의적인 의미와 연결시키는 것은 다소 무리가 있을 수 있다. 언어학의 의미론에서 연구하는 의미의 대상은 단어이다. 언어학에서는 단어의 사전적인 의미를 다루는 것이 아니라 단어가 사용되거나 쓰여지는 상황이나 맥락에 따라 나타나는 의미의 변화성과 다의성을 다루며 이에 연구의 초점을 맞추고 있다. 이에 비하여 브랜드명의 의미론이란 특정한 기업, 제품, 서비스를 지칭하는 단어인 브랜드명에 대한 개별적인 의미로서 브랜드명의 고유명사적인 성격을 다루는 것이다. 하지만 브랜드를 나타내는 단어인 브랜드명의 분석을 위해서는 언어학에 기반한 브랜드명의 의미론적 접근이 필요하다(노장오, 1998). 왜냐하면 브랜드 구성 요소 중에 브랜드명은 언어 기호를 표현된 의미체이기 때문이다. 언어 기호를 통해 표현된 브랜드명들은 다양한 의미 차원이 존재한다. 소비자가 브랜드명의 의미를 이해하는 일반적인 방법은 해당 브랜드명의 사전적인 의미(denotative meaning)를 통하는 것이다. 브랜드명은 보통 단어의 형태로 표현되는데, 이 경우 브랜드명은 기존의 단어를 그대로 사용하거나 부분적 또는 전체적으로 변형 및 결합하거나 새로운 신조어의 형태로 개발되어 진 것이다. 보통 브랜드명은 사전적인 의미보다는 수사학적 표현(rhetorical expression) 차원에서 브랜드 목적에 따라 개발된 것이 일반적이다.

브랜드명 자체의 의미적인 차원은 브랜드명 스펙트럼(brand name spectrum)이라고 하여 특정 제품에 대한 제시성 브랜드명에서 브랜드명 자체에는 의미가 없는 순수한 조어 브랜드명까지 브랜드명 의미 차원은 매우 다양하다(Murphy, 1990, Keller, 1998, Keller, Heckler and Houston, 1998).

<그림 9> 브랜드명 스펙트럼

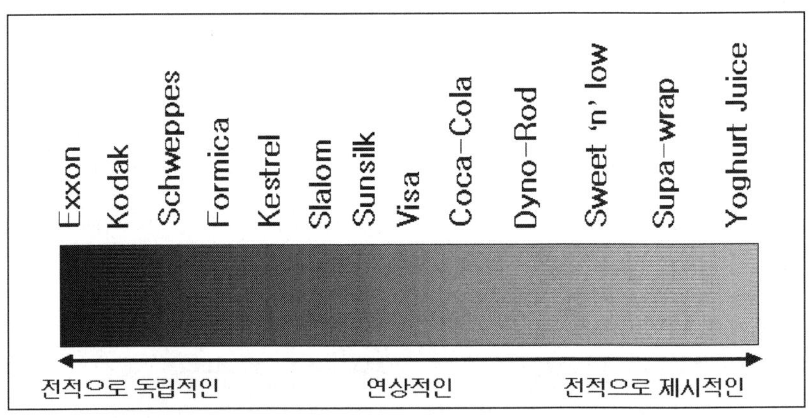

자료원: John M. Murphy(1990), "*Brand Strategy*," Director Books, p.81

이러한 브랜드명을 개발하는 방법은 여러 가지가 있다. 사람이름(Honda, Calvin Klein), 지명(American Airlines, KFC(Kentucky Fried Chicken)), 품질(Safeway, Duracell), 라이프스타일(Weight

Watchers, Healthy Choice) 등을 통하여 브랜드명을 개발하기도 하고, 한편으로 새로운 신조어(Exxon, Kodak)로 브랜드명을 창출해내기도 한다. 그러나 어떠한 브랜드명이 효과적인 지에 관한 체계적인 연구는 부족한 실정이다. 일반적으로 브랜드명은 다음에 해당하는 특성을 가진 브랜드명을 선정하면 브랜드에 대한 인지도와 브랜드 연상은 향상되는 것으로 알려져 있다(Keller, 1998).

1) 간단하고 발음하거나 철자(spell)하기 쉬어야 한다.

2) 친숙하고 의미가 있어야 한다.

3) 다르고, 차별적이고 독특해야 한다.

코틀러(Kotler, 1999)는 보다 구체적으로 바람직한 브랜드명 요소로 다음과 같은 항목을 제시했다.

1) 제품의 혜택을 암시해야 한다.

2) 동작이나 색상과 같은 제품 특징을 암시해야 한다.

3) 발음하고 알아듣고 기억하기 쉬워야 한다. 그리고 간단하고 짧은 이름이 좋다.

4) 독특해야 한다.

5) 외국이나 외국어에서 좋지 않은 뜻을 내포하고 있지 않아야 한다.

브랜드명 의미성에 관한 연구에서는 브랜드명의 제시성(brand name suggestiveness), 즉 브랜드명의 의미가 제품 혜택이나 속성을 나타내는 경우에 그렇지 않은 경우보다 소비자가 해당 브랜드명과 광고의 주장에 높은 인지 반응을 보인다는 것이 밝혀졌다(Keller, Heckler and Houston, 1998). 이것은 브랜드명의 의미 제시성과 해당 브랜드 광고에서 제공하는 혜택에 대한 주장이 일치하는 경우에 소비자는 해당 브랜드의 광고 주장에 대해 높은 재인이나 회상을 한다는 것을 의미한다.

1.1.2. 브랜드명의 음성성에 관한 연구

언어는 시각을 통하여 지각되기도 하지만 청각과 발음 기관을 통하여서도 지각된다. 소쉬르(Saussre)는 이러한 현상을 언어라는 기호는 사물과 명칭의 결합이 아니라 개념과 청각 연상의 결합이라고 하였다(Mick, 1986). 언어 기호의 하나인 브랜드명에 대한 지각은 인간의 청각 기관과 발음 기관을 통하여 이루어지므로 음성성에 따라 지각이 다르게 이루어질 수 있다. 브랜드명에 대한 음성성은 인간의 음성 지각 기관을 통하여 인지된 브랜드명에 대한 소비자 반응에 관한 것이다. 일반적으로 사람들은 특정 단어나 음소의 음성 특성에 따라 다른 반응을 한다. 언어의 음성적 상징성에 관한 연구는 사피르(Sapir)에 의하여 시작되었다(Pavia and Costa, 1993, Yorkston, 2000). 그는 영어의 모음(a, e, i, o, u)과 자음 요소에 따라 사람들은 그것이 상징하거나 나타내는 형태와 크기에 대하여 일정하게 지각하는 원리가 있다는 것을 발견했다. 클린크(Klink, 2000)는 이러한 원리를 발전시켜 영어의 모음과 자음을 음성 특성에 따라 여러 가지 차원으로 분류하여 연구하였다. 연구 결과로 그는 발음 시 음소의 특징에 따라 소비자가 다르게 지각하며 제품에 대하여 음성 상징에 따라 다른 의미 부여를 하고 이에 따른 연상의 일관성이 있다는 것을 2가지 실험을 통하여 증명하였다.

클린크의 연구에서 나타난 실험 1의 결과를 요약하면 모든 분야에 적용은 되지 않지만 모음이 앞에 오는 음성이 모음이 뒤에 오는 경우에 비하여 보다 작고, 밝고(어두운 것에 비하여), 부드럽고, 얇고, 빠르고, 차갑고, 맛이 쓰고, 보다 여성적이고, 친근하고, 약하고, 가볍고(무거운 것에 비하여), 예쁘게 지각된다는 것을 발견하였다. 그리고 폐쇄음(p, t, b, d, g, k)과 마찰음(f, s, v, z)에 대해서는 마찰음이 폐쇄음에 비하여 작고, 빠르고, 가볍고, 보다 여성적으로 지각한다는 사실을 부분적으로 밝혀냈다. 그리고 유성음과 무성음에 대한 연구에서 무성 폐쇄음(p, t, k)이 유성 폐쇄음(b, d, g)에 비하여 작고, 빠르고, 가볍게 지각된다는 것을 밝혀냈다. 다음으로 무성 마찰음(f, s)과 유성 마찰음(v, z)에 대한 연구에서 무성 마찰음이 유성 마찰음에 비하여 빠르고, 부드럽고, 보다 여성적으로 지각된다는 사실을 발견했다. 또한 자음보다 모음이 음성 상징에 더 많은 영향력을 행사한다는 사실을 추가적으로 증명하였다. 다음으로 실험 2에서 그는 광고와 같이 해당 브랜드와 관련된 마케팅 커뮤니케이션 활동이 존재하는 경우에 브랜드명이 제품에 관련된 정보의 커뮤니케이션에 영향을 미치는지를 고빈도 상황과 저빈도 상황으로 나누어서 분석을 하였다. 연구결과로 모음 발음이 혀의 전방위인 경우(예: Valp)에 후방위인 경우(예: Galp)보다 더 빠르고, 가볍고, 덜 무겁게 지각된다는 것을 그는 밝혀 냈다. 그 예로서 샴푸의 경우에 전방위의 경우(Tidip)가 후방위인 경우(Todip)보다 더 부드럽고, 여성적인 것으로 지각된다는 것이다. 그런데 이 연구가 비록 영어를 대상으로 한 연구이지만 우리말인 한글을 대상으로 한 연구에도 적용이 되리라 사려된다. 왜냐하면 모든 언어에는 모음, 자음과 같은 요소와 이들 자음과 모음을 구성하는 하위 요소들간에서 공통적인 요소가 있기 때문이다.

1.1.3. 브랜드명의 언어 차이에 관한 연구

주류 소비자행동 이론 분야에서 소비자를 제품의 특징이나 속성을 합리적으로 평가하여 선택하는 이성적인 존재로 파악하고 있다. 그러나 실제 많은 경우에 소비자는 제품의 본질적인 속성보다는 소비자 자신의 감성적 차원에서 브랜드명, 로고 및 심볼, 포장, 디자인 등과 같은 브랜드 구성 요소에 대한 평가에 따라 제품을 구매하는 경향이 있다(Olins, 1989, Schmitt, 1999). 브랜드명은 제품에 대한 정보를 제공하는 내재적인 단서와 외재적인 단서 중에서 외재적인 단서로서 제품에 대한 평가에 영향을 미친다. 즉 소비자는 제품의 외재적 단서인 브랜드명, 가격, 원산지명, 점포 유형 등의 의하여 제품에 대한 평가를 하는 경향이 있다(이문규, 1996). 브랜드 자산을 구성하는 요소는 크게 브랜드 인지도와 브랜드 이미지로 대별할 수 있는데 제품의 외재적 단서인 브랜드명은 브랜드 이미지와 인지에 영향을 미친다. 소비자의 외국어 브랜드명에 대한 반응 연구는 원산지 효과("made in" effect)에 대한 연구에서 시작되었다고 할 수 있다(한충민, 1990). 소비자들은 심리 속에는 특정 대상에 대한 고정관념(stereotype)을 가지고 있는데 국가나 언어, 제품에 대하여도 나름대로의 고정관념을 가지고 있다. 소비자 개인간에 다소 차이가 있을 수 있지만 특정 국가나 언어에 대한 일반적인 신념과 평가를 소비자들은 공유하고 있다. 이에 따라 특정 국가가 원산지인 제품에 대한 태도나 평가에 있어 이러한 고정관념이 나타난다. 우리가 화장품하면 프랑스, 자동차하면 독일, 전자제품하면 일본을 연상하는 것이 이러한 예이다. 소비자들이 이들 국가에서 제조한 특정한 제품에 대하여 높이 평가한다는 것은 이러한 원산지 효과를 나타내 주는 것이다. 그리고 이것은 특정 언어로 된 브랜드명에 대한 소비자 반응에서도 유사하게 나타난다. 이러한 측면을 활용하고 브랜드를 효과적으로 포지셔닝 하기 위해 기업들은 브랜드 네이밍(naming) 시 영어, 프랑스어, 스페인어, 이태리어 등과 같은 특정 외국어로 된 브랜드명을 사용하는 경우가 있다(장대련, 한민희, 2000)

Leclere, Schmitt and Dube(1994)는 브랜드 언어 차이, 특히 외국어 브랜드명에 대한 소비자 반응을 소비자의 제품 지각과 태도 차원에서 연구하였다. 이들은 제품 유형(쾌락적 제품, 실용적 제품, 복합적 제품)에 따라 영어 및 프랑스어로 된 브랜드명이 소비자의 제품 지각 및 태도에 미치는 영향을 연구했다. 프랑스어를 사용한 브랜드명에 대하여 보다 쾌락적인 제품으로 소비자들을 지각하고, 영어로 된 브랜드명은 실용적 제품으로 지각하고, 복합형 제품에 대해서는 브랜드명의 언어적인 차이에 따른 유의적인 소비자 반응 차이가 나타나지 않는다는 사실을 연구 결과로 밝혀냈다.

다음으로 Schmitt and Pan(1994)은 아시아-태평양 지역에서의 기업 및 브랜드 아이덴티티(corporate and brand identity)에 대한 연구에서 이 지역의 대부분의 국가가 언어적인 차원에서 한자권이고 문화적인 면에서 집단주의적인 문화이기 때문에 서구 기업들의 본국에서 사용하고 있는 브랜드 관리 방식을 이 지역에 그대로 적용하는 것은 바람직하지 않다는 견해를 제시했다. 이에 따라 이들은 이 지역의 특색을 고려한 브랜드 관리 방식이 필요하다고 주장하면서 이 지역에 대한 언어적 및 문화적 이해가 요구된다고 하였다. 서구의 언어인 영어가 표음 문자인데 반하여 표의 문자인 한자가 중국, 홍콩, 한국, 동남아 등과 같은 지역에서 널리 사용되고 있고 때문에 표기 시 의미는 유사하지만 각 국가별로 발음되는 것이 다르고 각 발음마다 어의적인 차이가 있으므로 브랜드 표기에 있어서 이러한 요소들을 고려하여 브랜드 관리를 해 나가는 것이 필요하다는 것이다. 일본의 경우에는 대부분의 산업에서 서구화가 이루어져 있어 서구식의 브랜드명이 일반화되어 있고 그 표기가 주로 알파벳이나 가타가나로 이루어지고 있으므로 크게 문제가 되지 않을 수 있지만 중국, 홍콩, 한국, 동남아 등과 같은 국가에서는 일본과 비교해 보았을 때 한자의 영향이 강하고 서구화가 덜 이루어졌으므로 기업명 및 브랜드 관리에 있어 이들 지역의 문화적인 차이에 의하여 발생하는 마케팅 및 브랜드 관련 사항들에 대하여 서구의 그것들과 비교하면서 효과적인 관리 및 운영을 하기 위하여서는 이들 언어 및 문화적 맥락(linguistic and cultural contexts)의 차이를 고려하는 것이 꼭 필요하며 서구와는 다른 접근법이 필요하다고 이들은 주장하고 있다. 이들은 결론에서 아시아-태평양 지역에서 기업 및 브랜드 아이덴티티(corporate and brand identity)를 구축하고 관리하는 것은 여러 가지 관점에서 세계의 다른 지역에서 기업 아이덴티티를 구축하고 브랜드를 관리하는 것과 유사한 측면도 있지만 이 지역에 관련된 언어적 및 문화적 요인들에 관련되어 있는 미묘하고 중요한 차이점들이 있는데 경영자들은 이러한 현지의 지역적인 차이 및 조건들에 대하여 인식하여야 하고 이에 주의를 기울여야 한다는 것이다. 그리고 브랜드에 있어 언어적인 요소는 소비자들의 지각과 정보처리에 있어 본질적인 차이점들(intrinsic differences)을 반영해 주는 것이므로 경영자들은 이러한 언어적인 차이라는 요인을 변하지 않는 영구 요인(permanent factors)으로 항상 고려해야 한다고 이들은 제시하고 있다. 또한 언어와 문화적 전통에 기반을 두고 있는 소비자행동 및 지각은 영구히 변하지 않는 요소들이므로 이들 요소를 고려한 적절한 브랜드 및 마케팅 활동을 진행시켜 나가야만 한다고 연구자들은 제언하고 있다. 이에 따르면 브랜드명을 결정하는데 있어서도 각 국가의 언어와 문화적인 요소에 대한 고려가 필요하다. 왜냐하면 언어적인 차이와 문화적인 맥락에 따라 소비자 반응이 서로 다르게 나타날 수 있기 때문이다(Schmitt and Pan, 1994).

또 다른 연구로서 브랜드명도 언어에 의하여 표현된다는 점에 착안하여 해당 소비자들의 언어 체계의 차이에 대한 연구가 있다. 보통 언어를 문자 차원에서 구분하면 표의 문자와 표음 문자로 구분된다. 한자가 대표적인 표의 문자이고 영어와 한글은 표음 문자라고 할 수 있다. 이러한 언어적인 차이를 고려하여 Schmitt, Pan and Tavassoli(1994)는 중국어(한자)와 영어를 모국어로 사용하는 해당 언어 소비자들을 대상으로 하여 언어 구조에 따라 어떻게 소비자들의 기억 구조를 분리시키는 지와 어떻게 접근하는 지, 그리고 이것이 어떻게 다른지에 대한 연구를 하였다. 이 연구에서 단어 구성 요소의 상대적인 중요성은 언어 체계에 의하여 결정될 수 있다는 사실을 밝혀냈다. 즉 영어 사용자들은 시각적인 정보(특히 의미가 없는 조어형 비단어(non-words))를 음성적으로 기억하는 반면에 중국어 사용자들은 시각적인 의미 표현에 더 많이 의존한다는 사실을 밝혀냈다. 이것은 언어 체계 차이에 의하여 소비자의 인지 및 정보처리의 방식이 다르게 결정된다는 것을 의미한다.

결국 브랜딩의 중요한 목적 중의 하나는 본질적으로 의미 있는 브랜드 개념을 나타내 줄 수 있는 브랜드명을 선정하는 것이라고 했을 때(Keller Heckler and Houston, 1998), 바람직한 브랜드명은 그 자체적으로 제품에 관련된 정보를 전달할 수 있어야 한다.

1.1.4. 브랜드명에 관한 기타 연구들

이외에도 브랜드명에 관한 연구들을 살펴보면 우선 Pavia and Costa(1993)의 연구가 있다. 이들은 문자와 숫자가 결합된 브랜드명의 효과를 심층집단면접(Focus Group Interview, FGI)를 통해 다각도로 분석하였다. 문자숫자형 브랜드명(alpha-numeric brand name)이란 문자와 숫자가 결합된 형태의 브랜드명을 말하는 것으로서 그 자체적으로는 의미가 없지만, 소비자가 이들 문자와 숫자를 하나의 단서로 활용하여 제품에 대한 추론을 하고 이에 따라 브랜드 및 제품에 대한 평가를 하고 태도 반응을 보인다. 이들의 연구 결과 문자숫자형 브랜드에서 사용되는 숫자의 크기, 표현 형태, 발음되는 소리 특성, 숫자와 함께 브랜드명을 구성하는 단어나 문자의 상징성 등이 소비자의 태도에 유의적인 영향을 미치는 것으로 나타났다. 이들은 소비자들이 문자숫자형 브랜드명을 통해서 제품에 대한 태도를 형성하는데 제품 유형별로 적절한 문자숫자형 브랜드 네이밍 원리가 있다는 사실도 아울려 밝혀냈다. 즉, 문자숫자형 브랜드명에서 숫자의 크기가 클수록 소비자들은 해당 제품이 더욱 복잡하고 정교하며 최신의 제품이라고 지각한다는 것이다. 그리고 문자와 숫자가 결합되어 있는 브랜드명은 기술적으로 복잡하고 화학적인 이미지를 나타내거나 증가시키는 특성이 있다는 사실도 알아냈다. 이들은 이에 따라 문자숫자형 브랜드명이 적합한 제품 범주로는 전자제품, 컴퓨터, 오디오,

녹음기, 계산기, 복사기 등과 기술적 특성이 강한 제품을 제시했으며 반면에 적절하지 않은 제품군으로는 생활용품, 고급사치품, 아동용품, 음식 등을 제시하였다. 한편 브랜드명을 어떻게 표기하느냐에 따라 소비자 반응이 다르게 나타날 수 있다는 것이 이들 연구에서 밝혀 졌다. 브랜드마다 각기 고유한 서체로 문자와 숫자를 다르게 결합하여 표기하고 있는 것이 일반적이다. 이들은 브랜드명의 문자와 숫자의 표기 형태(문자를 이용한 표현(A-One), 숫자를 이용한 표현(A-1))와 서체 차이(고딕체와 필기체)에 대한 차이를 분석하였는데, 문자와 필기체로 쓰여진 브랜드명의 경우에는 부, 상류층, 우아함, 섬세함을 나타내고 숫자와 고딕체로 쓰여진 경우에는 보다 단순하고 저렴하고 일상적이 제품들에 잘 어울린다는 결과를 제시했다.

다음으로 동일한 제품에 대하여 상이한 브랜드명이 사용하였을 때 나타나는 소비자 반응을 실제 자동차 사례를 가지고 회귀 분석한 실증 연구가 있다(Sullivan, 1998). 이 연구는 브랜드명이 제품에 대한 수요에 어떻게 영향을 미치는 가를 미국 자동차 시장의 1980년대 중반부터 1990년대 중반까지 합작 등에 의하여 생산된 동일한 차이지만 브랜드명을 달리하여 판매된 자동차의 판매 자료를 분석한 것이다. 연구자는 이러한 제품을 쌍둥이 자동차(Twin Automobiles)라고 하여 같은 공장에서 생산되고 제품의 물리적 특성은 같지만 다른 브랜드명으로 판매되는 자동차로 개념 정의를 한 다음에 이 자동차의 판매 가격 비율을 회귀 분석하였는데, 여기서 기본 가정은 브랜드명이 유의적인 영향을 미치지 않는다면 가격 비율을 같고 완전한 대체성이 있을 것이었다. 연구자는 모회사의 브랜드명, 품질 비율, 유통업자 비율, 모회사 브랜드 광고 비율 등을 독립변수로 설정하여 이 변수가 가격 비율에 미치는 영향을 분석하였는데, 분석 결과 가격 비율에 차이가 났으며 이러한 차이의 대부분이 브랜드명 차이에 의하여 설명된다는 사실을 증명하였다.

2. 브랜드의 시각적인 요소에 관한 연구

일반적으로 소비자들은 말로 표현되는 브랜드의 언어적인 부분뿐만 아니라 브랜드의 시각적인 부분인 로고와 심볼을 통해서 브랜드를 받아들인다. 브랜드 로고 및 심볼은 특정 기업이나 해당 기업의 제품이나 서비스를 나타내는 기호(sign)로 된 표현 체계이다. 기호는 보통 브랜드명과 같은 언어와 심볼과 같은 비언어 단위로 이루어져 있다(Mick, 1986). 이러한 표현은 모두 기호로 고려되고 분석된다. 기호는 물리적인 부분과 정신적인 부분으로 이루어져 있는데, 언어학자인 소쉬르(Saussre)는 기호를 이러한 측면에서 두 가지 차원으로 분류하였다(Holdcroft, 1991). 하나는 기표(significant)라는 물리적인 특성 부분으로 이것은 시각적 또는 청각적으로 나타내는 부분이고 다른 하나는 기의(significat)라는 정신적인 개념 부분으로 이것은 기표가 나타내는 의미이다. 즉 기표는 순수한 물리적인 의미 전달체이고 기의는 기호 전달체에 연결되어 있는 대상의 의미이다. 보통 사람들은 기표와 기의를 합쳐서 하나의 기호로 부르고 있는데, 여기서 브랜드는 하나의 기호이다. 브랜드에서 브랜드명은 기의에 가까운 개념이고 브랜드의 표기 방식인 로고 형태 및 특정한 브랜드를 나타내는 심볼은 브랜드의 기표적인 측면을 나타내는 것이라고 할 수 있다.

기호는 다양한 차원으로 분류가 가능한 데, 보통 2가지 차원으로 분류하는 것이 일반적이다. 기호는 심볼과 같은 상징적 기호와 아이콘(icon)과 같은 도상적 기호(iconic symbol)로 분류한다. 도상적 기호는 지시 대상체와 기호 사이에 정도의 차이가 있으나 닮거나 유사한 요소가 있는 것으로 직유형 심볼을 의미한다고 할 수 있다. 반면에 상징 기호는 지시 대상체와 상징 기호와 유사성이 희박하거나 직접적인 관련성이 없는 기호로서 은유형 심볼을 의미한다고 할 수 있다. 브랜드 심볼은 그 유형에 따라 상징적 기호와 도상적 기호로 분류할 수 있는데, 기본적으로 심볼은 어떤 대상이나 의미를 전달하기 위한 기호라는 공통점이 있다. 심볼과 같은 기호가 사람들 사이에서 의사 소통되기 위해서는 사전에 합의된 체계가 있어야 하고 이러한 합의된 체계에 의하여 의미가 전달되는 것이다. 언어는 인간이 사용하는 대표적인 상징적 기호로서 그 기호는 해석자(interpreter)에 의해서 해석이나 이해가 되어야 그 기능이나 역할을 할 수 있다. 해석(interpret)이란 기호와 지시 대상의 대응시키는 것이다. 해석자인 소비자는 기호를 해석하는데, 표상(representativeness)이라는 원리를 사용한다. 표상이란 대상에 따라 사람의 인지 속에 떠 올려지는 것을 의미한다. 이에 따르면 심볼이란 하나의 상징으로서 어떠한 특정한 개념이 외부로 나타난 표현물이고 브랜드 심볼은 특정 제품에 대한 외적 표현이라고 할 수 있다. 언어로 표현되는 어떤 단어나 브랜드 의미는 심볼을 통해서 표현이 되기도 하는데, 이 경우에 심볼은 일종의 기호가 되는 것이다. 이렇게 기호로 표현된 심볼은 특정한 의미 또는 어떤 대상을 대신하는 기능을 하게 된다. 이러한 심볼은 시각적 기호라는 특성이 있으므로 소비자가 대상을 학습하고 회상(recall)하는 것을 브랜드명과 같은 언어를 통해서 하는 것보다 훨씬 용이하게 해주는 역할을 한다(Aaker, 1991). 이에 따라 기업들은 소비자의 브랜드에 대한 인지도를 향상시키고 브랜드에 대한 우호적인 태도를 이끌어 내고 브랜드를 효과적으로 전달하기 위하여 로고나 이것을 구체화한 심볼을 시각적으로 디자인하여 사용한다. 심리학에서 심볼이란 심볼 자체의 실제 형태나 모양보다는 어떤 대상의 의미를 담아서 어떤 매체(vehicle)에 상관없이 전달하는 표상으로 파악하고 있다. 즉 이것은 대상 자체의 의미가 심볼에 의해서 희석되거나 약해지지 않는 한 의미가 들어있는 어떤 대상을 매체를 통해서 전달해 주는 기능을 하는 것이 심볼이라는 것이다. 그런데 소비자들은 심볼의 형태나 표현 방식에 따라 다른 의미 부여나 해석을 하며 이에 따라 다른 반응을 한다. 소비자는 브랜드 심볼 등을 통해서 해당 브랜드에 대한 인상을 형성하고 이에 따라 긍정적이거나 부정적인 태도를 보인다. 이렇게 심볼이 소비자 인상 형성과 반응에 영향을 미치는 중요한 요소로 작용함에 따라 기업들은 브랜드 아이덴티티 전략에서 소비자의 우호적인 태도 형성을 위하여 심볼을 시각적 아이덴티티 요소로서 적극적으로 사용한다. 브랜드 자산을 구축하기 위한 브랜드 아이덴티티 전략에서 아이덴티티를 구축하거나 강화하는 과정에서 가시성의 형성이하는 것이 중요한 데(Aaker, 1996), 이에 핵심적인 역할을 하는 것이 로고 및 심볼이다. 브랜드 아이덴티티를 구축하는 브랜딩에 있어 시각적인 상징에 부분에 관련되는 브랜드 요소로서는 로고와 심볼(symbol, 일명 브랜드마크(brand mark)), 캐릭터, 슬로건, 포장 등이 있다. 그 중에서 브랜드 가시성을 이용하는 대표적인 방법은 심볼을 이용하는 것이다.

브랜드 자산을 구축하는 과정에서 심볼을 이용한 브랜드 가시성은 소비자의 인지와 지각, 태도 등에 영향을 미칠 수 있는데 심볼의 이러한 역할에 대하여 종종 과소평가되어 온 경향이 있다. 하지만 브랜드 심볼과 같은 시각적인 요소는 소비자에게 리더쉽, 성공, 신분, 재산, 심지어는 성적 흥분과 정력 등을 나타낼 수도 있다(Joachimsthaler and Aaker, 1997). 기업은 심볼을 통하여 브랜드의 시각적인 상징화를 하고 이러한 과정을 통해 경쟁 브랜드와 차별화하고 더 나아가 해당 브랜드에 대한 긍정적인 연상 이미지를 형성하고 소비자 선호도를 창출할 수 있는데, 기업들을 이렇게 하기 위해 노력한다. 이렇게 하여 구축된 강한 심볼은 브랜드 및 기업 아이덴티티에 대한 응집력과 구조를 제공해 줄 수 있다(Aaker, 1991). 그리고 로고와 심볼은 소비자들이 브랜드에 대한 재인과 상기를 하는 것을 쉽게 해 준다(Aaker, 1996). 이처럼 강한 심볼은 핵심적인 브랜드 요소로서 여러 가지 경쟁우위를 제공해 줄 수 있는 반면에 그러한 심볼이 없는 브랜드에게는 지속적인 불이익 요소로 작용하기도 한다. 결국 심볼은 브랜드 아이덴티티의 주요 부분을 차지하며 브랜드의 잠재적인 힘을 나타내 주는 것이라고 할 수 있다(Aaker, 1996). 이러한 심볼은 브랜드명 및 슬로건과 강한 연계성을 가질 때 기업의 중요한 자산이 된다(Aaker, 1991). 즉 심볼과 슬로건이 브랜드명과 효과적으로 연결되어 있는 경우에 소비자는 정보처리를 용이하게 할 수 있으며 브랜드에 관련된 긍정적 연상을 형성한다. 그리고 제품 개념과 긴밀하게 연계되어 있는 심볼은 브랜드에 대한 소비자의 인식 창출과 기존 인식 수준을 유지하는데 중요한 역할을 한다. 기업은 심볼과 슬로건을 통해 브랜드를 소비자에게 장기간에 걸쳐 기억시킬 수 있으며 브랜드 구성 요소인 브랜드명, 심볼, 로고 등을 다양하게 결합하여 사용함으로써 마케팅 커뮤니케이션을 효율적이고 효과적으로 수행할 수 있다. 브랜딩에 있어 브랜드 구성 요소인 브랜드명에 대한 연구는 다양하게 이루어져 왔으나 시각적인 요소인 로고, 심볼, 캐릭터, 슬로건 등에 관한 연구는 활발하게 이루어지지 않고 있다.

소비자는 브랜드 로고 및 심볼을 하나의 그림과 같은 시각적인 정보로 받아들이는 경향이 있다고 한다(Spaeth, 1996). 보통 언어와 비교했을 때 심볼과 같은 시각적인 요소는 아주 독특한 것으로서 소비자에게 쉽게 인지되고 장기간에 걸쳐서 기억되는 경향이 있다. 브랜드 로고의 시각적인 요소로는 브랜드 로고의 색상(color), 모양(shape), 서체(typeface) 등과 브랜드 로고에 병행하여 사용하는 심볼의 모양, 색상 등이 있다. 슈미트(Schmitt, 1995)는 이러한 요소들을 시각적 상징주의라고 하면서 이들 요소들이 해당 기업이나 브랜드에 대한 소비자의 전체적인 미적 인상을 형성하는데 영향을 미친다고 하였다. 그리고 이러한 요소들이 소비자의 반응, 특히 감정적인 반응에 중요한 역할을 미친다고 하였다(Schmitt, 1999). 왜냐하면 이러한 요소들은 소비자의 다양한 감각기관을 통하여 받아 들여지고 받아들이는 과정에서 이들 기관을 즐겁게 하여 강한 소비자의 감정 반응을 불러 일으킨다. 왜냐하면 이러한 과정에서 소비자는 해당 정보를 보다 의미 있게 받아들이거나 특별한 가치 부여를 하기 때문이다. 그러나 이에 관련한 요소들에 관한 직접적인 연구는 거의 없고 탐험적인 연구가 이루어지고 있다(Henderson and Cote, 1998, 한상만, 최주리, 김광원, 2000, Janiszewski and Meyvis, 2001). 기존 연구에 의하면 심상을 나타내는 그림이 문자에 비하여 보다 차별적이고 복잡한 자극으로서 새로운 단서를 제공한다고 한다(Sheikh, 1983). 또 다른 연구에 의하면 브랜드에 대한 성격이나 이에 대한 묘사, 브랜드명을 구성하는 문자에 대한 디자인적 표현 등과 같은 요소보다 브랜드 심볼의 시각적 상징물(icon)에 대한 그림이나 문자 상징이 브랜드 이미지를 보다 향상시켜 주는 것으로 알려져 있다(Schmitt and Simonson, 1997).

2.1. 브랜드 로고에 관한 연구

기업의 브랜드 로고에 관한 연구는 최근에 이루어지기 시작하였다. 이에 대한 대표적인 연구로서는 Henderson and Cote(1998)의 연구가 있다. 이들은 미국 이외의 국가에서 사용되고 있는 기업 브랜드의 로고(브랜드명이 없는 시각적 심볼)와 잘 알려지지 않은 중소 기업의 로고 195개를 선정하여 로고의 특징에 대한 소비자 반응을 분석하였다. 이들은 로고를 디자인적 특성 차원에서 13가지 차원(활동성, 균형성, 응집성, 복잡성, 심도, 내구성, 유기성, 평행성, 비례, 요소 반복성, 대표성, 구형성, 대칭성 등)으로 나누어서 피험자 실험 평가를 하였다. 이 평가 자료를 요인 분석(factor analysis)한 결과 소비자는 다음과 같은 6가의 주요 차원에서 심볼을 지각하는 것으로 파악되었다. 심볼을 지각하는 주요 차원이 정교함(복잡성, 활동성, 깊이), 자연스러움(대표성, 유기성), 조화(균형, 대칭), 평행성, 비례, 반복성으로 이루어져 있음을 밝혀냈다. 추가적으로 이들은 소비자들이 로고의 이들 특성에 대한 소비자의 인지도, 감정적 반응 등을 연구하였는데 소비자들이 선호하는 로고는 다음과 같은 특성을 가지고 있다는 것을 발견하였다. 보통 소비자들은 단순한 로고에 비하여 정교한 로고를 선호하고 명확하고 친숙한 의미 연상을 불러 일으키는 로고를 좋아하고 추상적인 로고에 비하여 자연스러운 로고를 좋아하며 대칭적인 로고를 좋아한다. 우리나라에서 이루어진 연구로는 한상만, 최주리, 김광원의 연구(2000)가 있다. 이들은 연구에서 외국 소비자들은 브랜드 로고에 대한 평가에서 브랜드 로고의 시각적인 정교함, 자연스러움, 연상, 대칭이라는 4가지 차원에 의하여 로고를 인식하지만 우리나라 소비자들은 시각적인 정교함, 자연스러움, 의미의 명확성, 창의성이라는 4가지 차원에 의하여 브랜드 로고를 인식하며 이에 따라 반응한다는 것을 밝혀 냈다. 그리고 소비자들은 외국 브랜드 로고가 우리나라 브랜드 로고에 비하여 정교함이 높다고 인식하는 반면에 우리나라 브랜드 로고는 자연스러움이 높다고 인식하고 있다는 것을 알아 냈다. 하지만 이러한 연구는 최근에 이루어지기 시작한 연구로서 아직 실증적 연구가 부족한 실정이다.

브랜드 자산은 브랜드와 연계되어 발생하는 자산과 부채로서 다양한 요소로 구성되나 가장 핵심적인 구성 요소는 브랜드명과 심볼이다(Aaker, 1991, Krishnan and Chakravarti, 1993). 하지만 위에서 살펴본 바와 같이 브랜드 로고나 심볼의 시각적 특성에 대한 소비자 반응에 관한 연구는 상대적으로 부족한 실정이다. 반면에 최근에 기업 및 마케팅에서 새로운 브랜드를 개발하거나 기존 브랜드를 활용하는 것과 같은 브랜드를 이용한 마케팅 활동은 폭발적으로 증가하고 있다. 이에 따라 기업들은 브랜드에 대한 시각적 상징 요소인 브랜드 로고 및 심볼 등을 무분별하게 개발하여 사용하고 있다. 이러한 예로서 몇 년 전에 우리나라의 대표적인 인터넷 포털사이트의 하나인 다움(daum.net)이 기존 로고를 버리고 새로운 브랜드 로고를 개발하여 사용하였다. 사용 초기에 다움의 브랜드 로고가 미국의 인터넷 경매 업체인 이베이(ebay)의 로고와 비슷하다고 하여 논란이 된 적이 있다. 이에 따라 점점 소비자들은 브랜드 로고에 대하여 혼란스러워 하고 있다. 즉 소비자들은 로고나 심볼의 창의성과 의미를 명확하게 인지하고 있지 못하고 있으며 어느 로고가 어떤 브랜드를 나타내는 것인지 조차도 제대로 구분하지 못하고 있는 실정이다(한상만, 최주리, 김광원, 2000). 그리고 브랜드 심볼과 로고는 연상을 불러 일으키는 매개체인데 소비자들은 로고나 심볼을 통하여 특정 기업이나 제품에 대한 신뢰감이나 규모와 같은 연상을 제대로 하고 있지 못하고 있는 것이 현실이다. 즉 브랜드가 갖는 본래 의미는 소비자가 해당 브랜드에 대해 가지는 인상과 기업을 구분해 내도록 도와주는 것이어야 하는데(이유재, 1999), 현재 상당수의 브랜드 로고 및 심볼이 이러한 기능을 제대로 하고 있지 못하는 것으로 판단된다. 이에 따라 기업에서는 브랜드의 구성 요소 전반에 대한 체계적인 개발, 관리, 운영이 필요성이 증가하고 있다. 따라서 본 연구는 브랜딩에 있어 긍정적인 연상을 불러 일으킬 수 있는 바람직한 시각적인 요소의 개발, 특히 그 중에서 가장 중요한 요소 중에 하나인 브랜드 심볼에 대한 연구이다.

브랜딩에 있어 시각적인 요소 중에서 로고를 개발하는데 관련되는 요소는 색상(color), 형태(shape), 서체(typeface)이다(Schmitt and Simonson, 1997). 로고는 보통 색상을 띤 형태로 나타나는데, 색상은 특정 기업의 아이덴티티 요소로서 중요한 영향을 미칠 수 있다. IBM의 짙은 파랑, 티파니(Tiffany)의 옅은 파랑색, 코닥

(Kodak)의 노랑색, 코카콜라(Coca-Cola)의 빨강색이 그런 경우이다. 이렇게 소비자가 특정 기업이나 브랜드의 아이덴티티로서 특정 색상을 연상할 수 있다면 그것은 해당 브랜드가 소비자 인지상에서 유리한 위치를 차지하고 있다는 것을 의미한다. 하지만 대부분의 소비자들은 몇몇의 특정한 브랜드를 제외하고 특정 색상과 브랜드와의 연관성을 형성하지 못하고 있다. 그리고 브랜드 로고나 심볼에서 색상을 사용하는 경우에 특정 색상을 사용하지만 흑백 인쇄와 같이 상황에 따라 원래 색을 흑백의 단색으로 처리하여 나타나는 경우가 흔히 발생한다. 그리고 기업의 색상은 브랜드보다는 제품이나 포장, 전시물, 홍보물 등에 응용되는 경우가 일반적이다.

서체도 브랜드의 시각적 요소로 사용된다. 브랜드마다 각기 고유한 서체를 가지고 있는 경우가 일반적이다. 수많은 서체가 있으며 서체마다 다른 느낌이나 감정을 표현할 수 있는데, 차별적인 서체를 이용하여 브랜드의 독특한 이미지나 의미를 전달할 수 있다(Gobé, 2001). 이와 같이 서체의 색상과 모양은 전달하려는 브랜드명이나 슬로건과 같은 이미 그 자체적인 의미와 연계되어 그것의 특성을 묘사하고 그 특성을 부가시켜주거나 용이하게 전달해 주는 역할을 한다(Schmitt and Simonson, 1997). 보통 필기체 스타일로 표기하면 소비자는 여성적이고 우아하고 고급적이며 섬세하다는 인상을 형성하며 반대로 고딕체 스타일로 표기하면 남성적이고 단순하며 보다 저렴하고 대중적인 느낌을 받는다고 한다(Pavia and Costa, 1993). 그런데 이와 같이 서체는 브랜딩에 있어서 부수적인 기능을 하는 성격이 강하다. 왜냐하면 서체의 종류는 매우 다양하지만 일반 소비자가 구분할 수 있는 서체의 유형은 제한되어 있고 기업이 특정 서체를 전속적으로 사용할 수 있는 경우는 매우 드물기 때문이다. 결국 브랜딩에 있어서 색상과 서체가 브랜드 아이덴티티 요소로서 널리 사용되고 있고 아이덴티티 형성에 영향을 미치지만 가장 중요한 영향을 미치는 것은 형태라고 할 수 있다. 기존의 연구에 의하면 사람들은 색상이나 서체 같은 요소보다 모양과 같은 그림적인 요소들에 대하여 보다 많은 영향을 받고 모양을 위주로 지각하는 것으로 알려져 있다 (Macklin, 1996). 왜냐하면 소비자가 지각하는 색상과 서체의 종류나 차이보다 형태의 종류와 차이가 더 많고 소비자는 형태를 보다 의미 있는 정보로 받아들이는 경향이 있기 때문이다. 따라서 본 연구에서는 브랜드 자산 및 브랜딩에 있어 가장 중요한 요소 중에 하나인 형태의 차원을 심볼의 모양에서 접근하였다.

형태는 미학적 요소로서 기능보다 더 중요하게 작용할 수 있다 (Schmitt and Simonson, 1997). 제품이나 포장의 형태에 따라 소비자 반응은 다르게 나타날 수 있으며 때로는 제품 및 포장 형태에 따라 마케팅의 효과성 및 효율성이 좌우되기도 한다. 형태는 아주 다양하게 보이지만 주로 네 가지 차원으로 이루어져 있다.

<그림 10> 형태의 차원

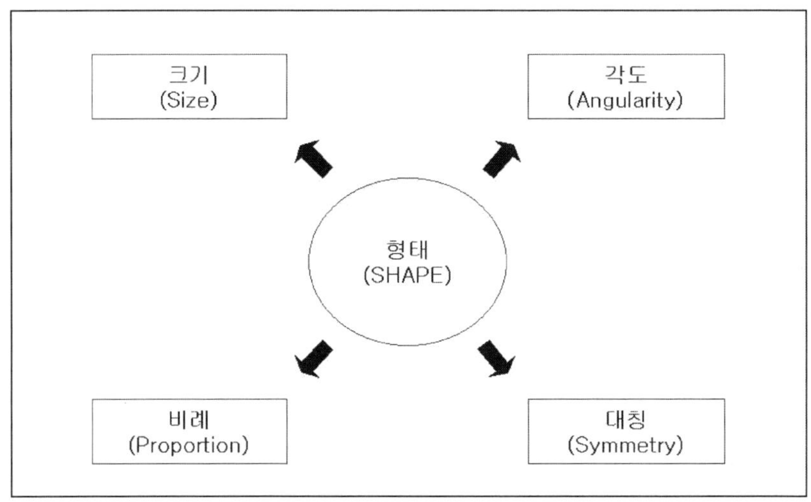

자료원: Bernd Schmitt and Alex Simonson(1997), *Marketing Aesthetics*, Free Press, p.89

이러한 형태의 차원을 조금만 변화시켜도 소비자의 지각에 매우 효과적인 영향을 미칠 수 있다. 이에 해당하는 예로서 절을 상징하는 심볼의 방향을 45°회전하면 2차세계대전 때 사용되었던 독일 나치의 상징 문장이 된다는 것을 알 수 있다. 하지만 브랜드 로고 중에서 심볼의 모양에 대한 이론적인 연구를 거의 없는 실정이어서 기존에 형태에 대한 연구가 많이 이루어진 시각 정보에 관련된 연구를 원용하여 문헌 연구를 하였다. 왜냐하면 소비자는 브랜드 심볼을 하나의 시각적인 형태 정보로 받아들이는 경향이 있기 때문이다. 즉 심볼은 소비자에게 그림(picture)과 같이 인식된다는 것이다. 이에 관련된 연구로서는 광고에서 정보 유형, 즉 언어적 정보와 시각적 정보에 따른 소비자 반응에 관한 연구들이 있다(Childers and Houston, 1984, Unnava and Burnkrant,

1991). 그 중에서도 본 연구에 관련되는 부분은 언어적 정보와 그림과 같은 시각적 정보의 일치 정도에 따른 소비자 반응이다 (Childers, Heckler and Houston, 1986, Houston, Childers and Heckler, 1987, Heckler and Childers, 1992, Lee and Mason, 1999). 이에 관련된 연구의 주요 내용은 광고에서 제시되는 언어적 주장 정보와 표현되는 그림과의 일치성 정도에 따라 광고 및 브랜드에 대한 소비자의 인지, 태도 반응이 다르게 나타난다는 것이다. 브랜드 심볼마다 각기 다른 사물을 표현하고 그 형태 또한 매우 다양한 데 이것은 모두 시각적인 정보라는 특징이 있다. 그리고 이러한 다양한 형태에 따라 각기 다른 의미를 나타낼 수 있다. 의미는 사람의 두뇌에 있는 어떤 추상적이고 심리적인 그 무엇으로 언어와 시각을 통하여 전달되는 개념에 대한 뜻이라고 할 수 있다. 보통 의미에 대한 언어 정보와 형태로 나타나는 시각적 정보와는 서로 상관관계가 있으며 상호 작용하는 경향이 있다. 사람들은 언어로 표현되는 어떤 개념에 대한 기억 속에 나름대로의 심상적 형태를 가지고 있으며 새로운 대상에 대한 시각적 형태를 형성하기도 하며 필요에 따라서는 이것을 변형시켜 나가기도 한다. 본 연구에 이것을 적용하여 보면 브랜드명은 언어적 정보이고 브랜드 심볼은 시각적 정보라고 할 수 있다. 따라서 이러한 성격이 다른 정보의 일치성 정도에 따라 소비자 반응이 다르게 나타날 것으로 사려된다.

따라서 본 연구에서는 브랜드명과 이에 따른 브랜드 심볼의 기대 정도에 따른 소비자 브랜드 반응에 대한 연구를 하기 위해 기존에 일치성 차원에서 이루어진 시각 정보와 언어 정보에 관련된 문헌 연구를 하였다.

2.2. 언어 정보와 시각 정보의 일치성에 관한 연구

브랜드명과 이에 따른 심볼 기대에 관한 연구는 거의 이루어지지 않는 것으로 파악되고 있다. 반면에 심볼이 브랜드명 기억에 미치는 효과에 대한 연구는 부분적으로 이루어졌다(Macklin, 1996, McCracken and Macklin, 1999). 어린이를 대상으로 하여 이루어진 연구에 의하면 브랜드명에 대한 관련성이 높은 시각적 단서가 제시되는 경우에 시각적 단서가 제시되지 않거나 관련성이 없는 시각적 단서가 제시되는 경우보다 어린이들은 높은 기억 반응을 보이는 것으로 밝혀졌다(Macklin, 1996). 다른 연구로는 연상 네트워크 이론(associative network theory)을 이용하여 브랜드명과 이에 따른 포장물에 제시되는 시각적인 단서가 소비자 기억에 미치는 영향에 대한 연구를 일반 소비자라고 할 수 있는 대학생들을 대상으로 한 것이 있다(McCracken and Macklin, 1999). 연구 결과 브랜드명과 같은 전달하고자 하는 정보와 시각적 표현물이 연결되어 있는 경우에는 브랜드 기억이 증가하는 것으로 나타났다. 이것은 브랜드명의 연상 네트워크에 존재하고 있는 기억 경로들에 시각적 자극물이 연결되어 있으면 소비자의 정보처리가 활성화되어 처리가 쉽게 이루어지고 이에 따라 해당 정보에 대한 기억이 증가한다는 것이다.

브랜드명과 로고에 대한 연구 대신에 광고 측면에서 광고물에 표현된 메시지의 시각적 정보와 언어적 정보와의 일치성에 대한 연구는 많이 이루어졌다(Mitchell, 1986, Houston, Childers and Heckler, 1987, Heckler and Childers, 1992, Lee and Mason, 1999). 이것은 마케팅 커뮤니케이션에 따라 제작된 광고물은 일반적으로 시각적 구성 요소와 언어적 구성 요소로 이루어져 있는데, 이들 구성 요소의 통합 정도가 기억, 태도 등과 같은 소비자 반응에 미치는 영향에 대한 연구이다. 보통 기업들은 인쇄 광고와 같은 광고 표현물에 시각적 구성 요소와 언어적 구성 요소와의 의미나 표현의 일치성 정도에 대한 결합 수준을 결정해야 된다. 이들 연구의 핵심은 특정한 메시지를 전달하는 광고의 표현 정보 구성의 일치성, 즉 언어적 표현과 시각적 표현의 유사성 대 비유사성에 따른 정보 효과를 소비자 반응 측면에서 분석하였다는 것이다. 일치성에 관련된 연구는 매우 다양하게 나타나고 있어 이에 대한 다양한 용어들이 사용되고 있다. 연구자들은 일치성을 consistency, congruency, congruity, matchup 등이나 이와 반대말이라고 할 수 있는 inconsistency, incongurency, incongruity, mismatchup 등과 같이 연구에 따라 서로 다른 용어를 사용하고 있지만 기본 내용은 하나의 광고 메시지 표현물에 제시되는 정보 유형(시각적 표현 대 언어적 표현)의 일치성 정도에 따른 소비자 반응을 연구하는 것이다.

광고의 표현 정보 유형에 따른 소비자 반응을 설명하는 심리 이론으로는 이중 부호화 이론(dual-cording theory), 스키마 일치성 이론(schema congruity) 등이 있다. 이중 부호화 이론은 패이비오(Paivio, 1979)에 의하여 제안된 것으로 이것은 정보의 유형이 언어 정보와 비언어적인 심상 정보가 있는 경우에 심상 정보의 중요성을 설명하기 위하여 등장한 이론이다. 이에 따르면 인간은 인지 및 정보처리에 있어 언어적 정보와 비언어적 정보에 대하여 가중치를 동시에 부여한다고 한다. 이 이론에서 인간의 인지 구조는 심상과 같은 비언어적 대상(objects)과 사건(events)을 처리하는 체계와 언어를 다루는 체계와 같은 두개의 하위 체계로 이루어져 있다고 전제한다. 언어와 관련된 하위 체계를 로고젠(logogen)이라고 하며 여기서 언어적인 부분을 다루고 이것은 청각 기관을 주로 의존한다. 반면에 비언어적인 것을 다루는 하위 체계를 이미젠(imagen)이라고 하며 여기서는 심상 이미지를 다루는데 이것은 표현되는 정보를 통합하는 기능을 한다. 이러한 두 가지 하위 체계는 상호 연결되어 있다(Sheikh, 1983). 이중 부호와 이론에 따르면 그림과 같은 심상은 기억에서 심상의 기호로서 부호화되고 단어는 언어적인 기호로서 부호화된다. 언어적인 부호가 순차적인 정보처리가 이루어지는 반면에 심상 부호는 병행 처리가 이루어진다. 그리고 그림과 같은 심상은 언어가 불러 일으키는 것보다 자연스럽게 구체화가 이루어진다. 이에 따라 두 가지 부호 형성에서 언어보다 심상에 의해 이루어지는 것이 기억 등과 같은 소비자 반응에서 보다 긍정적인 보이게 되는데 이것을 그림 우위 효과(picture-superiority effect)라고 한다. 이것은 그림과 같은 심상에 대해 사람은 더 많은 기억 부호를 가지게 되고 해당 그림에 대한 다양한 검색 경로를 형성하며 검색 시 이것을 이용하게 된다. 이에 따른 연구에 의하면 그림과 같은 심상 정보가 언어보다 보다 잘 기억된다는 것을 증명하고 있다(Lutz and Lutz, 1977, Paivio, 1979, Sheikh, 1983). 이에 관련된 연구를 살펴보면 우선 브랜드명과 해당 제품이 그림 형태로 표현된 상호작용적 심상(interactive imagery)이 언어만 또는 브랜드명이나 제품이 포함된 비상호작용적 심상으로 표현된 것보다 브랜드명에 대한 높은 회상을 보인다는 연구가 있다(Lutz and Lutz, 1977). 이 이후에 이에 대한 보다 정교화된 일련의 연구들이 이루어졌는데 이에 대하여 정리하면 다음과 같다.

우선 Childers and Houston(1984)의 연구가 있는데, 이것은 소비

자 기억에서 그림 우위 효과가 나타나는 조건들에 대한 연구이다. 이 연구는 전화번호부에 게시된 광고를 재구성하여 그림 광고가 언어만을 사용한 광고보다 뛰어나 기억 효과를 나타내는 조건을 실험 방법을 통해 분석하였다. 이 연구에서 소비자 기억 반응에 영향을 미치는 요소로 소비자의 정보처리 깊이, 제품에 대한 광고에서 주장되는 제품속성에 대한 의미를 전달하는 수준, 감각에 따른 지각상의 차별성 등이 유의적인 변수로 밝혀졌다. 연구 결과로서 광고 정보처리가 감각 특성에 의하여 이루어지도록 지시되는 경우에는 그림 우위 효과가 나타나지만 정보처리가 광고에 대한 의미적 내용에 따라 이루어지는 경우에는 언어만을 사용한 광고 자극이 보다 높은 기억을 보인다는 것이 밝혀졌다.

다음은 Childers, Heckler and Houston(1986)의 연구로서 이것은 인쇄 광고물의 시각적 및 언어적 정보 구성 요소에 따른 소비자의 기억 효과를 연구한 것이다. 이것은 기존에 이루어진 연구를 토대로 인쇄 광고의 시각적 및 언어적 구성 특성에 대하여 검토하고 소비자의 정보처리 수준을 정교화된 부호화(elaborative encoding)와 부호화 차별성(encoding distinctiveness)으로 분류하여 가상 광고를 제작하였으며 이를 실험을 통하여 실증 연구하였다. 연구 결과 언어적으로 전달하는 제품 정보보다 그림을 통하여 전달하는 정보가 보다 뛰어난 기억 효과를 보이는 것으로 나타났다. 그리고 정교화된 부호화와 부호화의 차별성이 이루어진 경우에 더 뛰어난 기억 효과를 나타내는 것으로 밝혀졌다.

Mitchell(1986)은 언어적 정보라 할 수 있는 카피와 긍정적, 부정적, 중간적인 소비자 반응을 보이는 그림과 그림이 없는 실험물을 사용하여 이들 요소가 소비자의 제품 속성, 광고, 브랜드에 대한 태도에 미치는 영향을 4가지 제품을 대상으로 분석하였다. 연구 결과 이들 요소가 소비자의 제품 속성 신념에는 유의적인 영향을 미치지 않으나 광고 및 브랜드 태도에 유의적인 영향을 미치는 것으로 나타났다.

다음의 연구로서 Houston, Childers and Heckler(1987)의 연구가 있다. 이들은 인쇄 광고물에서의 시각과 언어 정보간의 일치성과 이에 따른 소비자의 정보처리 과정을 연구하였다. 이 연구에서 광고물의 시각적 구성 요소와 언어적 구성 요소 간의 일관성과 불일치성이 소비자의 기억에 미치는 상대적인 효과를 알아보기 위해 가상 실물 광고를 제작하여 세 가지 실험을 통한 소비자 반응을 측정하였다. 연구 결과로 그림과 브랜드명이 상호관련이 있으면서 제품 속성에 대한 그림 정보와 카피와 같은 언어 정보가 불일치한 경우에 브랜드명 회상, 제품 계열 회상, 광고 문안의 특성 등에 대하여 뛰어난 기억 반응을 보인다는 것이 밝혀졌다. 하지만 이러한 그림의 기억 우위 효과는 소비자가 광고에 대하여 처리할 기회나 시간이 제한되어 있는 경우와 기억에서 이들 요소 간에 연상 연결고리를 형성할 기회가 한정될 때 감소하는 것으로 밝혀졌다.

다음으로 소비자에게 제시되는 정보 유형의 일치성 정도를 역으로 불일치라는 관점에서 불일치의 다차원성을 고려한 연구가 있다 (Heckler and Childers, 1992). 이것은 기존 연구에서 제시되는 정보를 일치와 불일치라는 이분법적인 구분이 아니라 불일치성을 다양한 차원으로 구분한 연구이다. 연구자들은 불일치성(incongruency)을 관련성(relevancy)과 기대(expectancy)로 이루어진 개념으로 파악하여 이것이 소비자 기억에 미치는 영향을 연구하였다. 연구결과 정보의 일치성과 불일치성에 따라 소비자 기억 반응이 다르게 나타났는데, 비관련적인 정보에 대하여 소비자는 관련적인 정보에 비하여 낮은 기억 반응을 나타냈다. 반면에 기대에서는 소비자는 기대가 높은 정보보다는 기대가 낮은, 즉 기대하지 않은 정보에 대하여 보다 높은 기억 반응을 보이는 것으로 밝혀졌다.

　이후에 이 연구를 보다 정교화하여 광고에서 일치성을 구성하는 개념인 관련성과 기대라는 요소와 유머라는 변수가 소비자의 광고 및 브랜드 태도 반응에 미치는 영향에 대한 실험 연구가 이루어졌다(Lee and Mason, 1999). 연구 결과 피험자는 관련성과 기대에 따라 다른 반응을 보였고 이들 변수의 일치성이 중간 정도일 때 호의적인 태도 반응을 보였다. 즉 피험자는 광고에서 관련성이 있고 비기대적인 정보에 대하여 관련성이 있고 기대가 있는 정보보다 긍정인 태도 반응을 보이는 것으로 나타났다. 반면에 비관련적이고 비기대적인 정보에 대하여서는 관련적이고 기대적인 정보보다 비우호적인 태도 반응을 보이는 것으로 밝혀졌다. 다음으로 광고의 유머와 관련성은 상호 작용하는 것으로 나타났는데, 유머적인 광고 실행이 관련적이고 비기대적인 광고보다 비관련적이고 비기대적인 광고에서 우호적인 소비자 반응을 이끌어내는 것으로 밝혀졌다.

　이상으로 시각적 정보와 언어적 정보의 일치성에 관한 일련의 연구들을 종합하여 보면 소비자는 일치적인 정보에 대하여 극단적인 불일치 정보보다 긍정적으로 반응하지만 중간 정도의 일치성, 즉 관련성이 높고 기대와 중간정도 부합하는 경우에 일치성이 높은 경우보다 긍정적인 반응을 보인다는 것을 알 수 있다. 이것은 소비자 반응이 일치성의 정도 차이에 따라 다르게 나타날 수 있다는 것을 의미한다.

다음으로 심리학의 스키마 이론(schema theory)이 소비자 반응에서 소비자가 기존에 가지고 있는 스키마와 제공되는 정보와의 일치성 정도에 따라 소비자의 정보처리와 반응이 달라진다는 것을 설명할 수 있다. 스키마란 사람이 대상에 대하여 인지를 하는 과정에서 범주화를 하는데, 이 범주화(categorization)에 등장하는 것이다. 범주화란 어떤 대상에 대한 해석이나 평가 시 동일하거나 유사한 속성을 지닌 항목들(items)의 집합체로서 보다 많은 공유 속성을 갖는 원형(prototype)을 중심으로 그 대표성에 의하여 의사 결정하는 것을 의미한다(Aaker and Keller, 1990). 보통 동일한 범주에 속하는 대상들은 속성이나 특성이 유사하며 이것을 서로 공유하는 특징이 있다. 이러한 범주화의 정도는 각 대상에 따라 그 정도가 다르고 이것은 대한 판단은 지각하는 사람들에 따라 다르게 이루어 질 수 있다. 이러한 범주화에 의하여 소비자는 다양한 마케팅 자극에 노출되면 자신이 가지고 있는 기존의 인지 구조 스키마(schema)에 의하여 해당 자극을 지각하고 처리한다. 이러한 지각적 범주화는 소비자가 각종 정보를 자신의 인지 구조에 포함시킬 때 이를 체계적으로 정돈하고자 하는 본능에서 생겨나는 것으로 이런 범주화는 매우 순간적이고 무의식적인 상태에서 이루어진다. 따라서 이미 알고 있거나 새로운 정보를 받았을 때 소비자는 과거의 경험을 바탕으로 그 정보가 어떤 정보인지를 빨리 그리고 효율적으로 분류하게 된다(임종원, 이유재, 김재일, 홍성태, 1995). 범주화 이론에 의하면 사람들은 살아가면서 보고, 듣고, 경험하게 되는 여러 가지 대상들을 이해하고 정리하기 위해 그들의 머리 속에 다양한 항목을 넣고, 이름을 붙이고, 그 항목에 속하는 아주 전형적인 구성원들의 속성을 학습하게 된다. 이러한 것들이 사람의 머리 속에 쌓여 지식을 이루는데, 어떤 한 범주에 대한 이러한 생각들은 범주 지식(category knowledge) 또는 범주 스키마(category schema)라고 한다. 스키마(schema)란 이전 경험에 의하여 개발된 내부 구조로서 사람은 새로운 정보를 스키마를 이용하여 조직화한다. 이러한 스키마는 보통 환경에 대한 체계화된 기대 유형(organized pattern of expectations about the environment)이라고 정의된다(Sujan, 1985). 맨들러(Mandler, 1982)는 특정 대상과 해당 대상 범주 스키마(schema) 간의 일치성 정도가 정보처리와 대상에 대한 인지 및 감정 평가에 영향을 미친다는 스키마 불일치 이론(schema incongruity theory)을 주장하였다. 이것은 소비자가 새로운 제품 정보에 노출되었을 때 기존의 기억 속에 보유하고 있는 해당 제품 범주 스키마와의 일치성 정도에 의하여 소비자의 정보처리가 달라지고 이에 따라 인지 및 태도와 같은 소비자 반응이 영향을 받는다는 것이다. 이것을 보다 구체적으로 설명하면 소비자가 신제품이나 새로운 제품 정보에 노출되었을 때, 기존에 소비자가 가지고 있는 해당 제품 범주 지식 스키마와의 일치하는 정도가 중간 정도일 때 이 중간 정도의 불일치를 해결하기 위하여 소비자는 각성이 이루어지고 동기 부여되어 해당 정보에 대한 처리 수준이 정교해지고 이에 따라 노출된 정보에 대한 기억이 증가하고 불일치가 해결된 후에는 보다 긍정적인 태도 반응을 보인다는 것이다. 왜냐하면 소비자는 기존 제품 범주 스키마와 완전히 일치하는 정보에 노출되면 친숙함을 느끼지만 정보처리에 거의 동기부여가 되지가 않아서 표면적인 수준에서 수동적으로 정보처리를 하게 되고 기존의 태도를 유지하거나 중간적인 반응을 보이게 된다. 반면에 기존의 스키마와 극단적으로 불일치 하는 정보가 투입되는 경우에는 소비자는 이 정보를 처리하는데 어려움을 겪고 심층적으로 처리해도 이 불일치를 해결하지 못하므로 해당 대상에 대한 기억은 증가할 수 있지만 부정적인 태도를 취하게 된다. 반면에 적당히 불일치 하는 제품 정보에 노출되는 경우에는 기존 스키마와 약간 다르므로 소비자는 이 불일치를 해결하기 위하여 바로 동기부여가 되고 각성이 이루어진다. 이에 따라 소비자는 이러한 불일치를 해결하기 위해 적극적이고 심층적이며 정교한 정보처리를 하게 되고 이 과정을 통하여 중간 정도의 스키마 불일치를 해결하게 되는데, 이때 즐거움을 경험하게 된다는 것이다. 그리고 소비자는 정보의 불일치를 해결하기 위해 정보처리가 활성화되고 정교화되므로 해당 정보에 대해 보다 많이 기억하고 나중에 중간 정도의 불일치가 해결되므로 강하고 긍정적인 태도 반응을 보이게 된다. 그에 의하면 사람들은 기존 스키마와 극단적으로 일치하거나 극단적으로 불일치 하는 경우보다는 중간 정도 (불)일치하는 경우에 대하여 정보처리를 활발하게 하고 이에 따라 해당 대상에 대한 인지도가 증가하며 또한 긍정적인 감정 반응을 보이게 된다는 것이다. 이에 따라 일련의 연구가 이루어졌으며, 대부분이 이를 지지하는 것으로 나타났다(Meyers-Levy and Tybout, 1989, Peracchio and Tybout, 1996).

Meyers-Levy and Tybout(1989)는 소비자의 활성화된 스키마와 일치하거나 불일치 하는 제품 속성 정보에 대한 소비자 기억 반응을 연구하였다. 이들은 소비자가 기존에 가지고 있는 스키마와 완전히 일치하는 정보보다 스키마와 불일치 하는 정보가 투여 되었을 때 보다 많은 노력을 들인 정보처리를 하게 되고 이에 따라 기억이 증가한다는 것을 증명하였다. 그리고 새로이 제시되는 제품 속성 정보가 제품 범주 스키마와 중간 정도 불일치가 발생하는 경우에 소비자는 완전히 일치하거나 극단적으로 불일치 하는 경우보다 긍정적으로 반응하는 것을 증명하였다. 다음으로 소비자의 제품 평가에 있어 기존 제품 지식 스키마와 투입되는 신제품 정보의 스키마 일치성에 대한 연구가 이루어졌는데, 이에서도 중간 정도의 불일치가 발생하는 경우에 소비자는 가장 긍정적인 평가 반응을 보이는 것이 밝혀졌다(Peracchio and Tybout, 1996). 이 연구에서 소비자의 사전 지식 정도에 따라 소비자 반응 차이가 나타났는데, 초보자는 위의 연구들과 동일한 결과가 나타났으나 전문가의 경우에는 스키마 불일치에 영향을 받지 않고 스키마에 따른 제품 속성에 영향을 받는 것으로 나타났다.

영업 사원에 대한 소비자 정보처리 반응에 스키마 이론을 적용한 연구가 있다(Sujan, Bettman and Sujan, 1986). 이것은 영업 사원의 특성이 소비자가 기존에 가지고 있는 영업 사원 스키마와 일치하거나 불일치 하는 경우에 소비자 반응을 연구한 것이다. 소비자는 자신이 기존에 가지고 있는 전형적인 영업 사원 스키마와 부합하는 영업 사원을 매장에서 마주쳤을 때 정보를 처리하기 위한 단순한 방법을 사용한다. 반면에 기존 스키마와 일치하지 않는 비전형적인 영업 사원을 마주 대하였을 때는 영업 사원이 제시하는 구체적인 제품 정보에 보다 의존하고 이에 대한 평가를 하기 위하여 보다 많은 정보처리를 하게 되고 이에 따라 기억 반응이 증가하는 것으로 나타났다.

이상의 연구들을 요약하면 소비자는 제품과 같은 대상에 대하여 스키마를 가지고 있고 새로이 투입되는 해당 대상 정보에 대하여 기존에 가지고 있거나 활성화된 스키마를 토대로 하여 기대를 형성하게 되는데, 투입되는 정보가 이러한 기대와 불일치하거나 벗어나는 경우에 기대와 일치하는 경우보다 정교한 정보처리를 하게 된다(Houston, Childers and Heckler, 1987). 즉 스키마와 일치하지 않는 정보가 투여되었을 때 소비자는 이 불일치를 해결하기 위하여 정교화된 정보처리를 하도록 동기부여가 되고 이에 따라 소비자의 기억이 증가하고 이러한 불일치한 정보가 해결되었을 때 소비자는 강한 긍정적인 태도 반응을 보인다는 것이다.

2.3. 시각적인 정보처리에 관한 연구

브랜드의 구성 요소인 로고는 크게 보면 워드마크와 심볼의 두 가지 유형이 있다. 이러한 브랜드 로고는 브랜드명을 독특한 방식의 서체로 표현하거나 상징물로 표현된 심볼을 통하여 나타나므로 언어, 문자, 청각인 측면보다 시각적인 특성이 강하다. 즉 브랜드 로고는 소비자에게 하나의 시각적인 형태로 지각되고 그림으로 인식되는 성격이 강하다. 이러한 예로서 코카콜라의 경우에 로고의 주요 심볼 그래픽 형태를 모든 국가, 시장, 언어별로 동일하게 처리하고 브랜드명만을 각 시장에 맞게 현지 언어로 표기하여 사용하고 있는데, 소비자들은 해당 언어를 잘 모르더라도 코카콜라의 심볼 그래픽 그림만 보고 코가콜라로 인지한다. 이와 같이 로고, 특히 그 중에서 심볼은 하나의 형태를 띤 심상(imagery)이다. 이러한 심상은 개념이나 관계를 시각화하는데 관련되는 정신적 사건으로 정의된다(Paivio, 1979). 심상은 감각적인 정보가 소비자의 활성화된 기억에 제시되고 정보 처리되는 과정에서 정보가 정리되는데 나타나는 것으로 심상이란 소비자 지식의 체계인 스키마나 스크립트에 의하여 나타나는 실제적인 정보의 하나로 파악된다. 사람들은 이전의 경험을 통하여 형성된 기억 속에 저장되어 있는 개념이나 관계에 대한 정신적 심상을 토대로 새로운 정보를 재구성한다. 이러한 심상은 촉각, 청각, 미각, 후각적일 수도 있으나 주로 시각적이라는 특징이 있다(Sheikh, 1983). 그림 등을 통하여 정보를 심상으로 표현하는 것은 정보를 독특하고 차별적인 방식으로 제시하는 것으로 언어 정보보다 구체적이라는 특징이 있다.

소비자가 정보를 처리하는 방식은 언어적인 정보를 중심으로 처리하는 것이 있고 다른 한편으로 심상 중심으로 처리하는 방식이 있다(MacInnis and Price, 1987). 이에 의하면 소비자는 심상으로 처리된 정보에 대하여 서술적으로 처리된 것에 비하여 높은 기억 반응을 보이고 브랜드에 대한 우호적인 태도를 갖게 되고 높은 구매 의도를 나타낸다는 것이다. 그러나 이에 대한 실증 연구들에 의하면 심상적 정보처리에 대한 소비자 반응은 매우 다양하게 나타나고 있다(McGill and Anand, 1989, Bone and Ellen, 1992). McGill and Anand(1989)의 연구에 의하면 이미지 상상 지시가 있는 경우와 같이 고도로 정교화되어 있는 상황에서 정보처리가 이루어지는 경우에는 정보가 보다 선명하게 연상될수록 긍정적인 태도가 형성되는 것으로 나타났다. 다른 연구에서는 심상이 광고에 대한 태도에는 직접적으로 긍정적인 영향을 미치나 브랜드 태도나 구매 의도와 같은 행동적 반응에는 효과가 없는 것으로 밝혀졌다(Bone and Ellen, 1992).

다음으로 소비자에게 전달하는 정보의 선명성 차원에서 심상에 대한 연구가 이루어졌는데, 이에서도 심상이 소비자 반응에 미치는 효과는 다양하게 나타난다(Keller and Block, 1997). 소비자가 메시지에 대한 평가를 하는데 있어 제공되는 정보의 선명성과 비선명성에 대한 반응은 선명도가 증가할수록 호의적인 평가가 증가하는 경우도 있고 그와 반대인 경우도 있고 마지막으로 선명도가 유의적인 영향을 미치지 않는 것과 같이 3가지 유형으로 연구 결과가 나타나고 있다. 보통 소비자의 정보처리에 낮은 수준의 자원이 할당되는 경우에는 심상과 같은 선명한 정보가 그렇지 않은 정보보다 더 설득적이지만 정보처리에 대한 자원 할당 수준이 높아지는 경우에는 비선명적 정보 소구에 소비자가 많은 영향을 받는 것으로 밝혀졌다.

　최근에 사진을 통한 선명한 정보와 그렇지 않은 정보가 제공되는 경우에 자원결합관점(resource-matching perspective)에서 선명성과 설득간의 관계에 대한 연구가 이루어졌다(Keller and Block, 1997). 이 연구는 소비자의 자원 할당을 조정 변수로 하여 선명한 정보와 비선명한 정보가 소비자 설득에 미치는 영향을 분산분석(ANOVA)을 통해서 분석하였다. 연구 결과 선명한 정보가 비선명한 정보보다 자원이 덜 필요한 경우에 선명한 정보와 설득간에는 역의 U자형 관계가 있는 것으로 확인되었고 비선명한 정보의 경우에는 자원할당과 설득간에는 양의 선형관계가 있는 것으로 밝혀졌다.

　이러한 일련의 문헌 연구들을 통해서 밝혀진 사실은 심상의 선명성에 대한 소비자 반응은 소비자의 자원할당 및 정교화 수준 등에 따라 다르게 나타난다는 것이다. 일반적으로 심상은 운용기억에서의 모든 감각적인 경험의 표현으로 정의가 되는데 심상은 소수의 간단하고 모호한 이미지에서부터 다수의 복잡하고 명확한 이미지까지 그 범위가 매우 넓다는 특징이 있다(Bone and Ellen, 1992). 그러나 위의 연구들에서 간과된 사실은 심상의 선명성 정도에 대한 체계적인 구분이나 분석이 없이 그림이나 사진을 심상적 정보로 단순 처리하여 연구가 이루어졌다는 한계가 있다. 그리고 이러한 심상에 대한 기존 연구들은 대부분 심상의 다양한 특성과 차원을 소홀히 했다는 한계를 가지고 있다. 브랜드 심볼에 대한 소비자 반응은 심볼이라는 심상의 특징에 따라 다르게 반응하는 것으로 알려져 있다(Henderson and Cote, 1998). 따라서 본 연구에서는 기존에 연구가 심상과 언어라는 이분법적 차원에서 연구가 이루어졌다는 한계를 극복하기 위해 심상 특징을 브랜드명을 나타내는 심볼 기대(symbol expectancy)의 차원에서 세분화하여 심상에 대한 접근을 하였다.

3. 소비자의 제품 지식에 관한 연구

3.1. 소비자의 제품 지식에 관한 연구

소비자행동에서 제품에 대한 소비자 반응에 영향을 미치는 변수는 소비자의 개인 특성 차이, 제품 차이, 상황 차이 변수 등이 있는데, 이들 변수는 조정 변수(moderating variable)로서 독립변수에 따른 종속변수 반응을 조절하는 역할을 한다. 본 연구에서 다루려고 하는 조정 변수는 소비자의 개인 특성에 관한 차이 변수이다.

개인 차이 변수는 상황적인 변수(contextual variables)로서 해당 소비자의 인구통계학적 변수, 제품 관여도, 제품 지식 등을 의미하는데 본 연구에서 다루려는 개인 차이 변수는 제품 지식이다. 왜냐하면 해당 대상에 대하여 보유하고 있는 사전 지식 정도에 따라 소비자의 정보처리 및 탐색 과정, 평가가 다르게 나타날 수 있기 때문이다. 그 예로 브랜드 자산 및 브랜드 확장에 대한 소비자 평가에 유의적인 영향을 미치는 주요 변수가 브랜드 또는 제품에 대한 소비자 지식으로 나타났다(Boush and Loken, 1991, Keller, 1993). 기존 연구를 살펴보면 브랜드 자산에 대한 견해는 재무적인 관점과 소비자에 기반한 두 가지 견해가 있으나 점차로 그 중심 축이 소비자로 이동하고 있다(Aaker, 1991, Keller, 1993, 1998, Park and Srinivasan, 1994, Erdem et al, 1999). 그 이유는 기업의 브랜드 자산 가치는 소비자에 대한 브랜드 효과에 의하여 결정되기 때문이다. 이러한 소비자에 근거한 브랜드 자산을 개념화로서 브랜드 인지도, 브랜드 연상, 브랜드 이미지 등이 브랜드 자산을 구성하는 핵심 요소로 파악하고 있다(Aaker, 1991, 1996, Keller, 1993, 1998). 그런데 이러한 요소들은 모두 소비자에 기반한 것들이다. 따라서 브랜드 자산에 대한 가장 중요한 원천은 소비자이고 이에 중요한 영향을 미치는 변수 중에 하나는 소비자가 대상에 대하여 가지고 있는 지식이라고 할 수 있다. 왜냐하면 브랜드 인지도, 이미지, 연상 등은 소비자가 해당 브랜드에 대하여 축적한 지식 특성을 나타내는 변수들이기 때문이다. 특히 마케팅에서 지식은 증명 가능한 사실들의 집합이라고 정의가 되는데 (McNeal and McDaniel, 1981), 소비자 지식에 대하여서는 마케팅에서 오래 동안 폭 넓게 연구되어 온 주제 중의 하나이다(Alba and Hutchinson, 1987, Park, Mothersbaugh and Feick, 1994). 소비자는 자신의 지식 정도에 따라 정보 탐색 및 처리, 제품 평가,

제품 정보의 활용, 의사결정, 학습 등을 다르게 한다. 기존의 연구에 의하면 소비자의 정보에 대한 해석은 현재의 활성화된 지식 구조에 의하여 결정된다(Yi, 1993).

일반적으로 소비자 지식은 제품에 대한 구체적인 지식(브랜드명, 제품 특징 및 속성), 제품에 대한 일련의 경험(정보 노출, 정보 탐색, 소유, 사용), 제품 범주에 대한 관여도 등으로 이루어져 있다고 파악된다(Park, Mothersbaugh and Feick, 1994). 이러한 소비자 지식은 제품에 대한 친숙성과 제품에 대한 과업을 성공적으로 할 수 있는 능력인 전문성이라는 두 가지 측면으로 파악되고 있다(Alba and Hutchinson, 1987). 제품 친숙성은 소비자가 제품에 관련하여 축적하여 온 경험의 수를 의미하며(Alba and Hutchinson, 1987), 전문성은 소비자의 기억 속에 실제 저장되어 있는 정보(객관적 정보)나 소비자 개인이 알고 있다고 지각하는 정도(주관적 정보)로서 제품관련 과업을 성공적을 수행할 수 있는 능력을 의미한다. 이러한 소비자 지식은 소비자가 해당 제품이나 브랜드에 대하여 이전부터 축적하여 온 것이라는 측면에서 사전 지식(prior knowledge)이라고 불리기도 한다. 사전 지식은 소비자의 객관적 또는 자기 보고적인(self-report) 지식의 양이라고 개념화가 되는데, 이러한 소비자 지식은 다차원적으로 구성되어 있는 것으로 파악되고 있다(Brucks, 1986, Yi, 1993). 다차원적인 성격이 있는 소비자 지식은 보통 연구자의 연구 목적이나 연구 과업에 요구되는 사항에 맞춰 소비자 지식을 측정하는 것이 일반적이다(Alba and Hutchinson, 1987). 보통 소비자의 제품에 대한 지식은 객관적 지식(objective knowledge), 주관적 지식(subjective knowledge), 경험에 의한 지식으로 구분이 된다(Brucks, 1985, Duhan, Johnson,

Wilcox and Harrell, 1997). 객관적 지식이란 제품에 관련된 정보가 소비자 기억 속에 얼마나 정리되어 축적되어 있는가를 의미하고 주관적 지식이란 소비자 자신이 제품에 대하여 얼마나 알고 있다고 지각하는 정도를 의미한다. 여기서 객관적 지식은 전문 용어, 제품 평가 기준, 제품간의 속성 가변성, 속성 중요성을 결정하는 사용 상황 등에 대한 이해로 이루어져 있다고 한다(Brucks, 1985). 반면에 주관적 지식이란 사람들이 지각하는 측면에서 자신의 기억 속에 있는 지식의 양에 대한 자신감과 알고 있다고 지각하는 주관적인 정도를 의미한다(Park and Lessig, 1981, Yi, 1993). 반면에 경험에 의한 지식은 제품과 관련한 경험으로 제품에 대한 탐색 경험, 광고와 같은 정보 자극 노출 경험, 구매 경험, 사용 경험, 소유 경험 차원 등으로 이루어져 있다(Park and Lessig, 1981). 이러한 지식의 유형에 대한 최근의 연구에 의하면 소비자의 객관적 지식과 주관적 지식 구성 항목간에는 관련성이 높아 하나의 요인을 이루는 특성이 있다. 그리고 경험에 의한 지식 차원인 해당 정보 전달 매체에 대한 노출 여부나 제품의 소유 여부도 소비자 지식에 대하여 높은 설명력을 보이는 것으로 파악되고 있다(Mitchell and Dacin, 1996).

제품에 대한 소비자의 지식은 보통 그 수준에 따라 전문가(expert)와 초보자(novice)로 구분되기도 하며(Alba and Hutchinson, 1987), 또는 전문가, 중간자, 초보자로 분류할 수도 있다(Park and Lessig, 1981). 소비자의 제품에 대한 지식 수준은 다른 것이 일반적이며 이에 따라 정보 탐색, 처리, 평가가 다르게 이루어진다. 제품에 대한 지식이 많은 전문가는 새로운 제품 정보가 주어졌을 때 기존에 축적된 지식을 활용하여 새로운 제품 속성이나 요소를 제품 계층간의 관계에 따라 세련되게 해석하고 처리한다. 반면에 초보자는 해당 대상에 대한 지식 구조가 없거나 있다고 하여도 약하기 때문에 새로운 제품 속성 정보를 기존 지식 구조와 관련시키는 것이 미약하며 이에 따라 제대로 정보처리를 하지 못하는 경향이 있다. 그리고 제품에 대한 지식이 많은 전문가들일수록 인지적 노력을 용이하게 하는 간편화된 정보처리 및 평가 방법을 사용한다. 즉, 전문가는 의사결정과 관련된 정보를 처리하는 과정에서 의사결정과 관련성이 있으며 중요하다고 생각되는 정보만 처리하고 관련성이 없거나 중요하지 않은 정보는 제거하여 나가는 경향이 있다(John and Russo, 1984). 그리고 전문가는 자신의 기억에서 새로운 정보를 처리하기 위해 필요한 기존 정보를 재생하고 재생된 정보와 새로운 정보를 조직화하고 요약하는 능력이 초보자들보다 뛰어나다. 이에 따라 전문가는 평가에 필요한 정보와 평가 기준을 용이하게 유도해 낼 수 있으며 제품 특징 및 속성에 관련한 정보를 포괄적으로 분석한 후에 요약 처리한다고 할 수 있다. 즉 제품에 관련된 지식이 증가할수록 제품 속성과 요약 단서간에 관계를 파악하고 처리하는 것이 뛰어나고 신속하게 이루어지는데 이러한 현상이 전문가에게 나타난다는 것이다.

반면에 제품에 대한 지식이 적은 초보자는 제품 관련 정보를 조직화하고 처리하는데 어려움을 겪으며 제품에 대한 평가에서도 어려움을 겪는다. 그리고 초보자들은 제공되는 제품 속성에 대한 정보에 대하여 어떤 정보가 중요한지에 대한 명확한 판단이 잘 서지 않을 수 있다. 즉 초보자는 제시되는 많은 정보 중에서 중요한 정보에 주의를 기울이고 중요하지 않은 정보를 무시하는 효율적인 정보처리 및 평가를 하는 능력이 전문가보다 약하다. 이에 따라 초보자는 보상적이고 비분석적인 규칙을 활용하여 정보 처리 및 평가하는 방법을 사용한다(Park and Smith, 1989). 초보자들은 복잡한 제품 속성을 각 요소별 특징이나 중요성에 의한 평가보다는 제품 평가의 편리성이나 처한 상황 등을 고려하여 단순화한 정보처리 방법을 사용하는 것이 일반적이다. 제품 속성은 제품의 물리적 속성과 같은 본질적 속성(intrinsic cues)과 브랜드명, 원산지, 가격 등과 같은 부수적 속성(extrinsic cue)으로 이루어져 있는데, 초보자는 부수적 속성을 근거로 하여 평가하게 될 가능성이 높다(Sujan, 1985). 왜냐하면 지식 수준이 높은 전문가는 제시된 제품 속성에 근거하여 대상을 평가하는 반면에 초심자는 제품 속성에 대한 정보를 처리할 능력이 미약하여 이에 관계없이 다른 단서를 사용하여 결정하는 경향이 있기 때문이다(임종원, 이유재, 김재일, 홍성태, 1995). 마지막으로 소비자의 지식 수준을 초보자, 중간자, 전문가로 분류하였을 때 초보자와 전문가가 브랜드를 위주로 제품을 평가하는데 반하여 중간자는 제품 속성에 근거하여 평가하는 것으로 밝혀졌다. Park and Lessig(1981)는 소비자의 지식 차원에서 제품에 대한 친숙성을 기준으로 소비자 집단을 초보자, 중간자, 전문가로 분류하여 연구한 결과 초보자는 브랜드명과 같은 외재적 단서를 가장 중요한 제품 정보로 선택하였으며 전문가는 제품 속성들에 대한 정보를 종합하는 것으로 브랜드를 이용한다는 것을 밝혀냈다. 즉 친숙성이 낮은 초보자와 높은 전문가 모두 브랜드를 주요 정보 단서로 이용하고 있지만 그 목적은 다르다는 것이다. 반면에 제품 친숙성이 중간 정도인 중간자는 브랜드명만을 단일 단서로 활용하기보다는 제품 속성과 같은 내재적 단서를 근거로 하여 제품을 평가한다.

3.2. 브랜드 및 제품에 관한 소비자 지식 연구

브랜딩에 대한 소비자 반응에서 제품 지식이 미치는 영향에 대한 직접적인 연구는 거의 없는 실정이다. 다만 소비자 지식에 관련된 다양한 변수들이 개별적으로 어떻게 영향을 미치는 지에 대한 연구는 부분적으로 이루어져 왔다. 소비자의 대상에 대한 지식 수준에 따른 평가 과정을 살펴보면 전문가나 초보자 모두 문제 해결이나 정보 탐색에 휴리스틱(heuristic) 방법을 사용한다. 휴리스틱 방법이란 소비자들이 복잡한 문제를 단순화하여 처리하는 방법으로 주로 직관, 유추, 추측 등의 의하여 해당 대상을 평가하거나 판단하는 것을 의미한다. 하지만 전문가는 대상에 대하여 가지고 있는 정교화된 다단계의 범주 구조를 가지고 제품 특성의 유사성에서 정보를 조직화하고 처리하지만 초보자는 표면적으로 나타나는 정보의 유사성에 대한 지각에 의하여 정보를 처리하는 경향이 있다. 즉 초보자는 제품에 대하여 제공되는 정보를 처리하는데 있어 관련되는 정보를 심층적으로 분석하고 처리할 능력이 부족하기 때문에 구체적인 제품 기능이나 속성에 관한 정보보다는 비기능적인 주변 단서에 주로 의존하여 추론과 평가를 하게 된다. 여기에 주변 단서로 활용되는 정보는 브랜드명, 가격, 원산지, 점포명과 점포 유형, 판매원의 주장, 광고 메시지, 광고 모델, 구전 등이다. 특히 특정 제품군에 친숙하지 않은 초보자인 경우에는 제품 평가 과업을 단순화시키기 위하여 정보를 선택적으로 처리하며 상황에 따라 나타나는 제품 속성 및 이의 내용을 중요성을 제대로 지각하지 못하는 상태에서 주변적 단서로만 처리하여 의사결정을 용이하게 하려는 경향이 있다(Warlop and Ratneshwar, 1993). 이것은 초보자가 해당 제품이나 브랜드를 평가할 때 그 대상의 본질적인 속성과는 관련이 없을 수 있는 부수적인 속성을 기준으로 평가하는 경우가 많다는 것을 의미한다. 반면에 전문가는 정보처리 및 의사결정에 필요한 다양한 정보를 탐색하고 이를 기반으로 하여 제품 속성이나 기능에 근거하여 제품에 대한 태도를 형성하거나 평가하고 이에 브랜드를 활용하는 경향이 높다. 보통 소비자는 자신이 해당 제품 및 브랜드에 대해 높은 지식을 보유하고 있거나 친숙하다고 느끼는 제품에 대하여 긍정적으로 반응하며 친숙성이 증가할수록 해당 대상을 구매할 가능성은 증가한다고 한다(Meyers-Levy, 1989). 이처럼 소비자는 자신이 친숙하다고 느끼는 브랜드 제품에 대한 정보를 보다 잘 기억하고 또 이에 긍정적으로 반응하는 경향이 있다(Kent and Allen, 1994). 반면에 중간자는 제품 속성의 중요성이나 이를 평가하는데 필요한 기본적인 지식을 갖추었지만 브랜드를 단일 단서로 활용하기에는 제품에 대한 지식이 부족하여 적극적으로 정보 탐색을 하고 제품의 속성과 같은 본질적인 단서에 근거하여 제품을 평가하는 경향이 있다.

브랜드와 관련하여 소비자 지식이 미치는 영향에 대한 연구는 브랜드 확장에서 주로 다루어져 왔다. 브랜드 확장에 대한 연구에서 소비자는 자신이 기존에 가지고 있던 제품 및 브랜드에 대한 지식 정도를 기반으로 해서 모제품과 브랜드와 확장 대상 제품간에 적합성, 이전성, 일관성, 유사성 등의 측면에서 평가하여 브랜드 확장에 대한 평가나 태도를 형성한다(Park, Lawson and Milberg, 1989, Aaker and Keller, 1990, Aaker, 1991). 브랜드 확장에 있어 소비자의 확장 대상 제품에 대한 지식 정도에 따라서 소비자가 활용하는 정보 단서가 달라지는 경향이 있다(Muthukrishnan and Weitz, 1991). 이 연구에서는 소비자 지식 수준을 전문가와 초보자로 구분하여 브랜드 확장에 대한 소비자 반응을 분석하였다. 연구 결과 모제품과 브랜드 확장 대상 제품간에 유사성을 평가하는데, 전문가는 기술, 디자인, 조립, 소재, 구성 부품 등과 같은 제품의 성능을 결정하는 심층적인 단서(deep cues)를 활용하여 하여 추론을 통한 평가를 하지만 초보자는 표면적인 단서(surface cues)인 형태, 색상, 포장, 크기와 같은 제품의 부수적인 속성에 의존한다는 것이 밝혀졌다. 따라서 성공적인 브랜드확장이 되기 위해서는 소비자의 지식 수준에 따라 심층적인 단서를 활용할 것인지 표면적인 단서를 이용할 것인지를 결정해야 하는데, 초보자의 경우에는 표면적인 단서를 이용하는 것이 기존 제품에 대하여 가지고 있는 태도를 이전하기가 용이해 진다. 이에 따라 제품에 대한 소비자 지식 수준은 브랜드 및 브랜드 확장에 대한 소비자 반응 및 평가에 중요한 영향을 미치고 있음을 알 수 있다.

이상의 논의 전개를 통하여 소비자 제품 지식이 브랜드에 대한 소비자 반응을 조정하는 조절 변수 역할을 한다고 할 수 있다. 즉 브랜딩에 대한 소비자 인지, 태도 및 구매 의도와 같은 소비자 반응이 소비자의 제품 지식 수준에 따라 다르게 나타난다고 할 수 있다. 그리고 그 영향 정도는 제품 지식이 중간 정도인 소비자들에게 가장 작게 나타난다고 할 수 있다. 왜냐하면 중간자는 자신의 평가에 대한 확신이 있기 때문에 적극적으로 정보를 탐색하고 제품의 속성을 기준으로 평가 반응을 하기 때문이다.

제 3 장 연구 모형과 가설

브랜딩에 대한 기존 연구의 대부분은 브랜드의 구성 요소인 브랜드명에 초점을 맞추어 연구가 이루어졌다(Keller, 1998, Klink, 2000). 그리고 브랜드명에 대한 연구의 상당수가 브랜드명의 의미성, 즉 브랜드명이 나타내는 제품 속성이나 혜택 제시성(suggestiveness)이 제품 및 브랜드에 대한 평가에 미치는 영향을 연구하였다. 그리고 다른 연구는 브랜드명이 광고와 같은 마케팅 커뮤니케이션에 미치는 영향과 효과를 분석한 것이었다(Aaker and Biel, 1993, Keller, Heckler and Houston, 1998). 그러나 브랜드 로고와 같은 시각적 정보에 대한 소비자 반응 연구는 부족한 실정이다(Macklin, 1996, McCracken and Macklin, 1998). 이에 따라 최근에 브랜드에 대한 시각적 단서인 로고를 대상으로 한 연구가 부분적으로 이루어지고 있다(Pavia and Costa, 1993, Henderson and Cote, 1998, 한상만, 최주리, 김광원, 2000). 따라서 본 연구는 소비자 제품 지식 수준에 따라 브랜드 구성 요소인 브랜드명과 심볼의 일치성이라는 특성 변수가 브랜딩에 대한 소비자 반응에 미치는 영향을 분석하였다. 브랜드 아이덴티티를 구축하기 위한 브랜딩 요소로는 브랜드명, 로고, 심볼, 캐릭터, 슬로건, 포장 등이 있는데 이 중에서 가장 핵심적인 요소는 브랜드명과 심볼이다(Aaker, 1991, 1996). 이 두 가지 요소는 브랜드의 구성 요소 중에서 가장 중요한 요소로서 브랜딩에 대한 소비자 반응에 유의적인 영향을 미치는 것으로 알려져 있다(Schmitt and Simonson, 1997).

　　따라서 본 연구는 일치성 차원에서 브랜드 구성 요소 중에서 브랜드명의 언어의미성에서 제품 속성과의 관련성 정도, 브랜드 로고의 표현 방식 중에서 심볼의 브랜드명에 따른 기대 정도가 브랜딩에 대한 소비자 반응에 미치는 영향을 분석하였다. 이에 따라 본 연구의 위치를 일치성에 의한 브랜드명의 관련성, 브랜드명에 따른 심볼의 기대, 그리고 기존의 브랜드에 관련된 연구들과 대비하여 살펴보면 다음과 같다.

<그림 11> 브랜드명, 로고, 일치성에 관한 연구에서 본 연구
　　　　　　의 위치

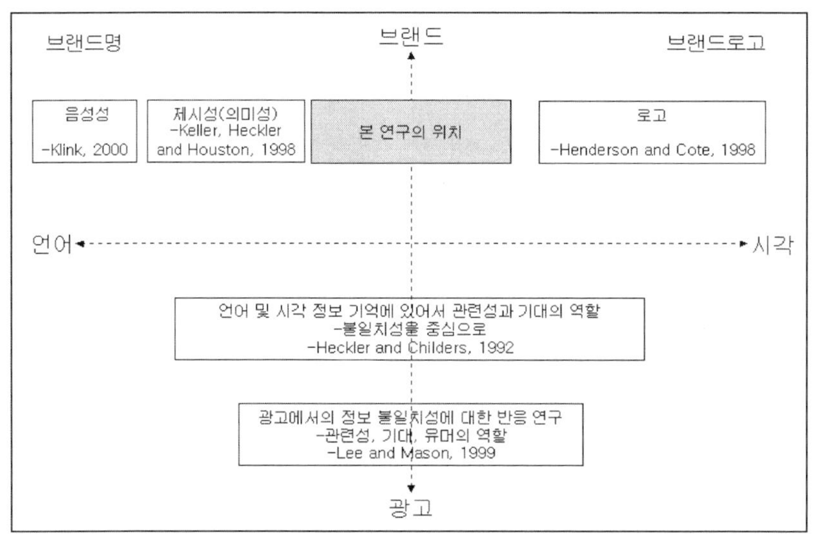

　　그리고 본 연구는 브랜드에 대한 소비자 반응에서 소비자의 제품 지식 수준(전문가, 중간자, 초보자)에 따라 어떻게 나타나는지를 분석하기 위하여 제품 지식 수준을 조정 변수로 설정하였다. 기존 연구에 의하면 소비자의 제품 지식 수준에 따라 제품에 제

시되는 정보에 대한 처리수준이나 평가가 달라지는데, 브랜드명
과 심볼은 제품에 대한 정보로서 외재적 단서(extrinsic cue)라는
측면이 있다. 그런데 이러한 단서 정보를 처리하는 방식과 수준
은 초보자, 중간자, 전문가에 따라 다르게 나타나는 것으로 알려
져 있다.

제1절 연구 모형

<그림 12> 연구 모형

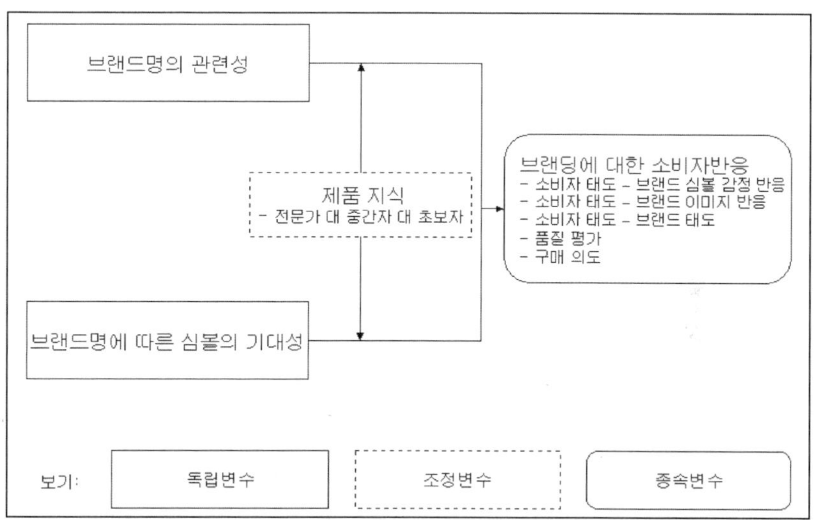

본 연구에서 수행하려는 연구 모형은 위와 같다. 이것을 설명
하면 조정 변수로서 제품 지식 수준(초보자, 중간자, 전문가)에
따른 브랜딩에 대한 소비자 반응을 분석하는 것이다. 브랜딩에
대한 소비자 반응에 영향을 미치는 핵심 브랜드 구성 요소는 브

랜드명과 브랜드 로고이다. 브랜드명에 관한 변수로서는 브랜드명의 관련성, 브랜드 로고에 관한 변수로서는 브랜드 심볼의 브랜드명에 대한 기대이다. 본 연구는 기업에서 브랜드를 개발하는 과정에서 이루어지는 브랜딩 요소의 결합에 대한 소비자 반응을 연구하는 것으로 다양한 브랜드 요소의 결합 정도와 그 결합 방식에 대한 소비자 반응을 설명하기 위한 실증적인 연구이다. 그리고 본 연구에서 고려하지 못한 브랜드에 대한 소비자 반응에 미치는 영향 변수에 대하여서는 서론에서 본 연구의 범위에서 언급하였으므로 추가적인 설명은 생략하였다.

제 2 절 연구 가설의 설정

본 연구는 위에서 검토한 브랜딩 요소들 중에서 브랜드명의 관련성, 심볼의 기대, 소비자의 제품 지식에 대한 이론과 기존 연구를 토대로 하여 다음과 같은 일련의 가설을 도출하고 이에 대하여 실증적인 분석을 통해 가설을 검증하였다.

1. 브랜드명의 관련성에 관한 연구 가설

강한 이미지를 가진 브랜드는 소비자의 선택에 영향을 미칠 수 있고 시장에서 여러 가지 이점을 부릴 수 있다(Aaker, 1996). 소비자는 브랜드 이미지에 따라 브랜드별로 다른 반응을 보인다. 이에 따라 기업들의 브랜드 마케팅의 핵심적인 과제가 브랜드 이미지의 구축과 관리이다(Keller, 1998). 이러한 브랜드 이미지 구축에 토대가 되는 것 중에 하나가 브랜드명이다. 평범한 브랜드명과 연계된 브랜드의 이미지는 장기간에 걸친 마케팅 커뮤니케이션 활동을 통하여 더디게 형성되지만 신중하게 창조되고 선택된 브랜드명은 브랜드에 대한 내재적인 가치를 즉각적으로 부여해 줄 수 있다(Aaker, 1991, Keller, 1998). 조사에 의하면 소비재 및 산업재 기업들 모두가 신제품 성공 여부의 가장 중요한 요소로서 브랜드명을 지적하고 있다(Kohli and Labahn, 1997). 반면에 실패한 마케팅 사례의 주요 원인 중에 하나가 브랜드명 때문인 것으로 밝혀졌다(Hartley, 1994, Kotler, 1994).

기업의 브랜드명은 보통 특정 제품이나 서비스를 지칭하는 것으로서 기업이 제공하는 제품, 서비스의 개념을 소비자에게 전달하는 가치 또는 추구하고자 하는 아이덴티티 및 이미지를 전달해 주어야 한다. 브랜드 아이덴티티를 구축하는 가장 중요한 요소 중에 하나가 브랜드 개념인데 이것은 보통 브랜드명을 통해서 나타난다. 기업은 브랜드명을 통하여 브랜드 개념에 필요한 연상을 만들어 낼 수 있다. 기업은 이러한 브랜드명을 통하여 브랜드 특성, 제품 범주, 제품 속성, 제품 혜택 등을 소비자에게 효과적이고 효율직으로 전달할 수 있다. 브랜드 개념의 핵심적인 요소인 브랜드명은 가격, 포장, 광고 등과 같은 다른 마케팅 구성 요소보다 긴 수명을 가지고 있기 때문에 브랜드명의 개발과 선택은 보다 객관적이고 체계적으로 이루어져야 한다(Aaker, 1991). 숫자, 문자, 단어 등을 결합하여 만들어진 브랜드명은 하나의 새로운 단어로서 브랜드 개념을 나타내는 언어 표현체인 것이다.

브랜딩의 기본적인 목적 중에 하나는 본질적으로 의미 있는 브랜드명(inherently meaningful brand name)을 선정하는 것이다 (Keller, Heckler and Houston, 1998). 여기서 브랜드명이라는 이름 자체가 의미가 있기 위해서는 제품과 관련성이 있는 정보를 전달해 주어야 한다(Keller, 1998). 보통 브랜드명의 의미성은 제시성의 차원에서 정의가 되고 있는데(Keller, Heckler and Houston, 1998), 이것은 제품에 대한 관련성의 차원에서 파악될 수 있다. 제시성이란 브랜드명이 제품 범주나 제품 속성, 제품이 제공하는 혜택에 대한 의미에 관련된 정보를 전달하는 정도를 의미하는데, 관련성은 자극물에 의하여 커뮤니케이션 되는 주요 메시지를 규명하는데 기여하는 정보의 정도를 의미한다(Heckler and Childers, 1992). 따라서 제시성과 관련성은 개념적으로 유사하다고 할 수 있다. 보통 소비자들은 제품 속성이나 제품이 제공하는 혜택에 대한 제시성이 있거나 우호적인 의미의 브랜드명에 대하여 제시성이 없거나 낮은 브랜드명보다 긍정적으로 반응하는 경향이 있다(Keller, Heckler and Houston, 1998). 즉 소비자들은 브랜드명의 제품과의 관련성의 정도에 따라 브랜드에 대한 다른 반응을 한다는 것이다. 그런데 브랜드명의 제시성을 관련성의 차원에서 살펴보면 브랜드명은 자체로서 의미가 있고 이것이 해당 제품 범주나 제품의 속성이나 혜택(기능적, 감정적, 상징적)과 관련성이 높은 경우와 의미는 있지만 제품의 속성이나 혜택과 관련성이 낮은 경우가 있다. 물론 브랜드명의 관련성이 있다, 없다와 같은 이분법적 구분도 가능하지만 본 연구에서는 관련성의 차원을 고저로 분류하였다. 기존 연구에서는 관련성이라고 할 수 있는 브랜드명의 제시성이 있는 경우에 없는 경우보다 소비자의 기억 반응에 긍정적인 효과를 미치는 것으로 파악되고 있다(Keller, Heckler and

Houston, 1998). 그러나 기존 연구는 브랜드명의 제시성이 소비자의 기억 반응에 미치는 영향에 연구의 초점을 맞추어 소비자의 브랜드 태도나 구매 의도와 같은 감정이나 행동 차원에 대한 분석이 제대로 이루어지지 않았다. 따라서 본 연구에서는 기존 연구의 이러한 한계점을 보완하여 브랜드명의 관련성 차원에서 소비자의 감정 및 행동적 차원에서 연구를 하였다. 관련성이란 특정 자극 구성 요소가 커뮤니케이션 되는 주요 메시지의 규명하는 데 기여하는 정도를 의미한다(Heckler and Childers, 1992). 이에 따른 연구에 의하면 특정 광고가 전달하는 메시지를 규명하는데 유용한 정보를 포함하고 있으면 소비자의 긍정적인 광고 태도는 이끌어 낼 수 있다고 한다(Lee and Mason, 1999). 따라서 본 연구에서는 브랜드명의 관련성에 따른 다음과 같은 연구 가설을 설정하였다.

가설 1. 브랜드에 대한 소비자 반응은 브랜드명의 해당 제품 속성 관련성이 낮은 경우보다 높은 경우에 긍정적으로 나타날 것이다.

다음으로 소비자 브랜드 반응에 영향을 미치는 변수로서 소비자의 제품 지식을 들 수 있다. 소비자의 제품 지식은 정보 탐색, 정보처리와 같은 소비자행동을 이해하는데 있어 중요한 개념이다(Alba and Hutchinson, 1987, Park, Mothersbaugh and Feick, 1994). 소비자의 제품 지식은 해당 제품에 대한 경험과 친숙성, 제품관련 과업 수행 능력에 따라 초보자, 중간자, 전문가로 구분될 수 있다. 전문가는 제품에 대하여 제공되는 대부분의 정보를 처리할 수 있으며 이들 정보의 효용적 의미에 대한 이해력이 높고 본질적 단서들(intrinsic cues)을 중심으로 정보를 처리하는데 이것을 브랜드로 종합하는 경향이 있다. 반면에 초보자는 제공되는 제품 정보에 대한 이해가 부족하여 제품의 본질적 속성에 대한 것과는 관련이 없는 브랜드명 등과 같은 부수적 단서들(extrinsic cues)을 기준으로 하여 처리하는 경향이 있고 평가에 있어서도 비분석적이다. 이에 비하여 중간자는 해당 제품 정보를 적극적으로 탐색하며 제공되는 제품의 본질적 단서에 근거하여 제품을 평가하며 자신의 평가에 대하여 자신감이 강하며 이에 따라 중간자의 브랜드 의존도는 전문가나 초보자에 비하여 낮은 경향이 있다. 이와 같이 소비자의 지식 수준에 따라 브랜드와 같은 제공되는 단서의 영향력이 다르게 나타난다고 할 수 있다. 이것을 브랜드명 측면에서 해석하여 보면 브랜드명의 관련성이 높은 경우에 초보자나 전문가는 중간자보다 긍정적으로 반응할 것이고 중간자는 관련성이 낮은 경우에 초보자나 중간자보다 긍정적으로 반응한다고 가정할 수 있다. 왜냐하면 초보자와 전문가는 중간자에 비하여 브랜드명에 보다 의존하여 정보처리는데, 관련성이 높은 브랜드명의 경우에 초보자와 전문가는 이것을 기준으로 하여 브랜드 반응을 하기 때문이다. 이에 따라 다음과 같은 가설을 도출하였다.

가설 2. 브랜드명의 제품 속성 관련성에 대한 소비자의 브랜드 반응은 소비자의 제품 지식 수준(초보자, 중간자, 전문가)에 따라 다르게 나타날 것이다.

가설2a. 초보자는 제품 속성 관련성이 높은 브랜드명에 대하여 중간자보다 긍정적인 브랜드 반응을 보일 것이다.

가설 2b. 전문가는 제품 속성 관련성이 높은 브랜드명에 대하여 중간자보다 긍정적인 브랜드 반응을 보일 것이다.

가설 2c. 중간자는 제품 속성 관련성이 낮은 브랜드명에 대하여 초보자보다 긍정적인 브랜드 반응을 보일 것이다.

가설 2d. 중간자는 제품 속성 관련성이 낮은 브랜드명에 대하여 전문가보다 긍정적인 브랜드 반응을 보일 것이다.

2. 브랜드 심볼의 기대에 관한 연구 가설

브랜드 심볼은 기업의 브랜딩에서 다양한 역할을 한다(Aaker, 1996, Keller, 1998). 심볼은 브랜드에 대한 인지도, 연상, 호감을 창출하거나 향상시켜 준다(Aaker, 1991). 이것은 소비자의 브랜드에 대한 인지도, 연상 네트워크, 호감도의 준거점 역할을 하는 것이 심볼이라는 것을 의미하는 것이다. 따라서 강력한 브랜드 심볼은 기업의 브랜드 전략에 있어 기반이 될 수 있다(Aaker, 1996). 심볼은 브랜드의 정수(essence)를 나타내 주는 것으로 소비자에게는 유의적인 식별의 수단으로 작용한다. 연구에 의하면 소비자는 의미 있는 브랜드명이 시각적으로 표현된 경우에 그렇지 않은 경우보다 보다 잘 기억하는 것으로 나타났다(Childers and Houston, 1984). 그리고 사람들은 해당 브랜드명이 의미 있는 그림이나 시각적인 이미지를 연상시키는 경우에 보다 긍정적으로 반응하는 경향이 있다(Henderson and Cote, 1998). 이러한 브랜드 심볼은 브랜드명을 워드마크로 처리한 것에서부터 브랜드명이 나타내는 의미를 캐릭터로 나타낸 것, 우산 등과 같은 그림으로 표현한 것, 그리고 브랜드에 대한 의미를 추상적으로 처리한 심볼까지 그 형태와 모습이 매우 다양하다(Henderson and Cote, 1998). 또한 독수리나 바위와 같은 동일한 동물이나 식물을 표현한 심볼이라도 그 형태가 구체적이고 묘사적이어서 그것이 무엇을 의미하는 지가 명확한 것이 있는가 하면 어떤 것은 추상적인 모양으로 표현되어 심상적 의미가 명확하지 않은 심볼까지 심볼의 표현 유형이 천차만별이다. 그런데 이러한 다양한 유형의 심볼에 대하여 소비자가 어떻게 반응하는 지에 대한 구체적인 실증 연구는 거의 이루어지지 않았다. 다른 연구에 의하면 소비자는 문자적 정보보다 시각적 정보에 대하여 우호적으로 반응한다고 한다(MacInnis and Price, 1987). 하지만 제시되는 시각적 정보의 심상적 특징이나 브랜드 심볼의 표현 차이에 대한 소비자 반응 연구는 거의 이루어지지 않고 있다. 기존에 이루어진 소비자 조사에 의하면 추상적인 심볼에 대하여 소비자의 재인율이 낮으며 그다지 선호하지 않는 것으로 나타났다(Henderson and Cote, 1998). 반면에 소비자는 정교하고 자연스럽고 대칭적이고 친숙하고 심상적 의미가 있는 심볼을 선호하는 것으로 알려져 있다. 그리고 대상에 대한 대표적인 모습(representative)의 심볼이 보다 선호되는 것으로 주장되고 있다(Keller, 1993, Henderson and Cote, 1998). 소비자에게 선호되는 심볼의 이러한 특징을 브랜드명에 따른 기대의 관점에서 살펴보면 소비자는 심볼의 브랜드명에 대한 기대 차이에 따라 다르게 반응한다고 할 수 있다. 이러한 기대 차이는 심볼의 형태에 의해서 결정될 수 있다. 형태의 일치성에 관한 연구에 의하면 소비자는 일치성이 높은 경우라 할 수 있는 전형적인 형태보다 기존과는 다른, 즉 불일치 하는 형태에 대하여 긍정적으로 반응 하는 것으로 알려져 있다(Meyers-Levy and Tybout, 1989). 이와 유사하게 로고 디자인 시에도 필요한 경우 심볼에 대한 일치성의 정도를 결정해야 한다. 그런데 여기서 등장하는 일치성을 기대의 관점에서 파악할 볼 수 있다. 왜냐하면 일치성이란 기대와 관련 성으로 이루어진 개념인데, 제품의 형태와 심볼의 모양은 기대의 측면이 강하기 때문이다. 그런데 기존의 심볼에 대한 연구에서는 기대가 높은 경우라 할 수 있는 구체적이고 대표적인 심볼에 대 한 소비자 반응이 가장 긍정적으로 나타난다고 하였다(Keller, 1993, Henderson and Cote, 1998). 하지만 이것을 일치성이나 기 대의 관점에서 보면 높은 경우보다는 그렇지 않은 경우에 소비자 반응은 긍정적으로 나타난다고 하여 상반된 의견을 제시하고 있 다. 따라서 본 연구에서는 일치성을 기대로 해석하여 심볼의 브 랜드명에 대한 기대로 가설을 설정하였다. 언어 정보에 따른 시 각적 기대에 대한 소비자 감정 반응 연구를 살펴보면 스키마 일 치성(schema congruity)에서 이론적 근거를 찾을 수 있다(Mandler, 1982). 기대 측면에서 이루어진 기존 연구에 의하면 기대를 보통 2가지 차원으로 구분(기대가 있는 경우와 없는 경우)하여 연구가 이루어졌다(Heckler and Childers, 1992, Lee and Mason, 1999). 하지만 기대를 포함하는 개념이라고 할 수 있는 일치성 측면에서 기대를 파악하여 보면 기대는 두 가지 구분이 아닌 보다 다양한 구분이 가능하고 이에 따라 소비자 반응이 다르게 나타날 수 있다 는 것을 알 수 있다. 스키마 일치 이론(schema congruity theory)에 따르면 제품 평가에 있어 신제품의 제품 속성 정보가 활성화된 제 품 범주 스키마(activated product category schema)의 지식 구조와 극단적으로 일치하거나 불일치 하는 경우보다 적당히 불일치 하는 경우에 소비자는 우호적으로 반응하는 것으로 나타났다(Meyers-evy and Tybout, 1989). 브랜드 심볼의 브랜드명에 따른 기대라는 측면에서 살펴 볼 때 심볼 형태 기대 반응은 기존 스키마 일치성에 따른 소비자 반응과 유사한 결과를 보일 것이라고 예상할 수 있다. 그런데 기존 연구에서는 이러한 기대의 다양한 정도를 충분히 고려하지 못 하였다. 기대에는 기대가 있는 경우로서 높은 경우, 중간인 경우, 낮은 경우, 기대가 없는 경우와 같이 다양한 정도가 존재한다고 할 수 있다. 따라서 본 연구에서는 기대의 다양한 차원을 일치성에 관한 연구에서와 같이 3가지 차원으로 구분하였다. 그리고 기존 연구의 대부분이 기대에 따른 기억 반응을 다루어서 소비자 감정 반응 측면에 대한 고려가 부족하였다 (Houston, Childers and Heckler, 1987, Mason and Lee, 1999). 따라서 본 연구에서는 이러한 문제 제기 하에 브랜드 심볼의 브랜드명에 따른 기대 차원에서 기대로 하여 기대를 3가지 차원으로 구분하고 이에 대한 소비자의 감정과 행동 반응을 종속 변수로 설정하였다. 이에 따른 가설은 일치성 이론을 응용하여 다음과 같이 도출하였다.

가설 3. 브랜드에 대한 소비자 반응은 브랜드명에 따른 브랜드 심볼의 기대 정도에 따라 다르게 나타날 것이다.

가설 3a. 브랜드에 대한 소비자 반응은 브랜드명에 따른 브랜드 심볼의 기대가 낮은 경우보다 높은 경우에 긍정적으로 나타날 것이다.

가설 3b. 브랜드에 대한 소비자 반응은 브랜드명에 따른 브랜드 심볼의 기대가 낮은 경우보다 중간인 경우에 긍정적으로 나타날 것이다.

가설 3c. 브랜드에 대한 소비자 반응은 브랜드명에 따른 브랜드 심볼의 기대가 높은 경우보다 중간인 경우에 긍정적으로 나타날 것이다.

다음으로 브랜드명에 따른 브랜드 심볼의 기대에 대한 소비자 반응은 소비자의 제품 지식 수준에 따라 다르게 나타난다고 할 수 있다. 전문가는 제품 정보를 추상적 차원에서 처리할 수 있는 능력이 있고 이것을 브랜드로 종합하는 경향이 있다. 반면에 초보자는 추상성이 약하여 제품 관련 정보를 추상적 차원에서 통합하고 조정하는 것이 미약하다. 그리고 초보자는 브랜드와 같은 정보 위주로 표면적인 차원에서 부수적 속성 정보를 중심으로 처리하는 경향이 있다(Warlop and Ratneshwar, 1993). 그런데 전문가와 초보자의 추상성에 대한 정보처리는 다르지만 모두 브랜드를 주요 정보 단서로 이용하는 공통점이 있다. 반면에 중간자는 제품 속성에 대한 중요성을 파악하는데 필요한 기본적인 지식은 갖추었지만 브랜드를 단일 단서로 활용할 정도로 제품에 대한 지식이 충분하지 않으므로 제품 속성에 대한 단서나 정보를 근거로 하여 제품을 평가하는 경향이 있다(Park and Lessig, 1981). 이와 같이 정보처리나 평가에 있어 활용하는 정보의 단서는 소비자의 해당 제품에 대한 지식 수준에 따라서 달라지는 것을 알 수 있다. 이는 소비자 제품 지식 수준에 따라 정보처리 수준의 내용과 정도가 달라지는 것을 의미하므로 동일한 브랜드명에 따른 다른 심볼의 기대 정도에 대해서도 제품 지식 수준에 따라 소비자 브랜드 반응이 다르게 나타날 수 있다는 것을 알 수 있다. 브랜드 심볼은 제품에 대한 하나의 외재적 단서인데, 중간자는 이것을 주변 정보로 처리하여 제품 및 브랜드에 대한 소비자 반응에 미치는 영향을 작거나 없을 수 있지만 초보자나 전문가는 브랜드 심볼을 중심 정보로 처리할 가능성이 높아 기대가 소비자 반응에 미치는 영향 정도는 중간자에 비하여 크게 나타난다고 가정할 수 있다. 이에 의하여 최근에 이루어진 연구에 의하면 소비자의 지식 수준이 낮은 경우에는 스키마 일치에 영향을 받지만 그렇지 않은 경우에는 이에 영향을 받지 않는 것으로 나타났다(Peracchio and Tybout, 1996). 따라서 본 연구에서는 브랜드 심볼의 브랜드명에 따른 기대와 소비자 제품 지식을 고려하여 다음과 같은 가설을 설정하였다.

가설 4. 브랜드명에 따른 브랜드 심볼 기대에 대한 소비자 브랜드 반응은 소비자의 제품 지식 수준(초보자, 중간자, 전문가)에 따라 다르게 나타날 것이다.

가설 4a. 초보자는 브랜드 심볼 기대가 중간인 경우에 중간자보다 긍정적인 브랜드 반응을 보일 것이다.

가설 4b. 전문가는 브랜드 심볼 기대가 중간인 경우에 중간자보다 긍정적인 브랜드 반응을 보일 것이다.

가설 4c. 중간자는 브랜드 심볼 기대가 낮은 경우에 초보자보다 긍정적인 브랜드 반응을 보일 것이다.

가설 4d. 중간자는 브랜드 심볼 기대가 낮은 경우에 전문가보다 긍정적인 브랜드 반응을 보일 것이다.

제 4 장 연구 방법

본 연구는 소비자의 제품 지식 수준, 브랜드명의 관련성, 브랜드 심볼의 브랜드명에 따른 기대 정도에 따라 브랜딩에 대한 소비자 반응이 다르게 나타날 것이다라는 것을 실험을 통하여 실증 분석하는 것이다. 따라서 본 연구에서는 우선 조정 변수로서 소비자의 제품 지식 수준을 고려하여 이에 따른 소비자 태도 및 행동 반응을 분석하였다. 독립 변수인 브랜드명 관련성에 대해서는 기존에 브랜드명을 사용하기 보다는 연구자가 브랜드명의 관련성을 충족시켜 줄 수 있는 새로운 브랜드명을 개발하여 사용하였다. 브랜드명 관련성은 브랜드명의 언어적 의미가 해당 제품을 소비자에게 호소할 수 있는 주요 메시지를 포함하는 정도로 설정하였다. 브랜드명의 의미가 제품 속성을 나타내는 정도가 높은 경우와 의미는 있지만 그 정도가 낮은 경우로 브랜드명 관련성을 구분하였다. 브랜드 심볼의 경우에는 브랜드명에 따른 기대라는 개념 정의에 따라 브랜드명에 따른 기대 정도가 다른 심볼을 새로이 제작하였다. 새로이 심볼을 제작한 이유는 기존에 소비자들이 알고 있는 심볼을 사용할 경우에 나타날 수 있는 피험자 효과를 방지하기 위해서다. 이것은 사람들이 애플(Apple)이라는 브랜드의 심볼을 좋아하는 이유는 해당 심볼이 좋아서 라기 보다는 해당 제품이 좋아서 선호하는 것일 수도 있기 때문이다. 그리고 브랜드 심볼을 보다 구체화하여 브랜드 심볼의 브랜드명에 따른 기대 정도를 세 가지 단계로 구분하여 연구하였다. 일치성이라는 것은 관련성과 기대로 이루어진 개념으로 파악된다(Heckler and Childers, 1992). 이에 따라 본 연구에서는 브랜드명을 제품에 대한 속성을 전달하는 측면에서 관련성 정도를 다루고 기대는 심볼의 브랜드명에 따른 기대 정도로 파악하였다. 따라서 본 연구에서는 본래 브랜드명의 의미를 나타내는 심볼의 기대가 높은 경우는 제시된 심볼이 브랜드명이 불러 일으키는 심상에 대한 기대와 높게 일치하는 경우, 기대가 중간 정도인 경우는 심볼이 브랜드명이 불러 일으키는 심상에 대한 기대와 중간 정도 일치하는 경우, 그리고 기대가 낮은 경우는 심볼이 브랜드명이 불러 일으키는 심상에 대한 기대와 낮게 일치하는 경우로 구분하여 이에 심볼을 사전 제작하여 실험 연구를 하였다.

연구 방법은 집단간 실험 설계(between-subjects design)를 통하여 수행되었으며 사전에 개발된 실험물을 피험자들에게 설문지를 통하여 제시하고 이에 대한 피험자 반응을 설문 응답을 통해 측정하였다. 실험 대상은 해당 제품 소비자 및 잠재 소비자인 대학생으로 하였다.

제1절 실험 자극물과 실험 조작을 위한 예비 조사

1. 실험 연구 대상 제품

본 연구에서 소비자의 브랜드에 대한 반응은 소비자의 제품 지식 수준별로 다르게 나타날 것이다로서 이에 적합한 제품을 선정하여 실험을 하였다. 제품은 2가지 제품군의 제품을 대상으로 하였다. 그 이유는 연구 결과의 외적 타당성인 일반화 가능성을 높이기 위해서이다.

우선 실험에 필요한 제품을 선정하기 위하여 제품을 유형 제품과 서비스로 구분하여 본 연구에서 적절하다고 판단되는 제품을 사전 조사를 하였다. 이에 따라 선정된 제품은 유형 제품과 서비스로 구분하여 각 제품군별로 5개의 후보 제품을 선정하였다.

〈표 9〉실험 후보 제품군

유형 제품	서비스
컴퓨터 주변기기(스피커, 헤드셋, 디스켓), 팝콘, 스포츠가방, 화장품, 청바지 등	퀵서비스, 세탁서비스, 자동차정비소, 미장원, 고급음식점 등

이들 선정된 제품 중에서 소비자의 제품 지식이 차이가 나면서 가능하면 해당 제품 중에서 소비자 관여도 수준이 유사한 제품을 선정하였다. 추가적으로 해당 제품에서 유명 브랜드가 있는 제품은 제외하였다. 왜냐하면 해당 제품에 유명 브랜드가 있으면 해당 브랜드에 의한 피험자 효과가 발생할 가능성이 있고 이에 따라 새로운 브랜드명과 심볼에 의한 피험자 반응이 희석될 수 있기 때문이다.

1.1. 유형 제품

우선 유형 제품(tangible goods)으로서는 해당 소비자들이 구매

하였거나 사용해 본 경험 측면에서 소비자간의 제품 지식에 차이가 나는 비내구재를 제품을 대상으로 하였다. 이에 따라 컴퓨터 주변기기, 화장품, 의류, 생활용품 제품군을 고려 하였다. 그리고 그 중에서 브랜드 파워가 상대적으로 약한 제품을 선정하였다. 이에 따라 화장품, 의류 제품은 제외되었는데, 그 이유는 해당 제품에 유명 브랜드가 있기 때문이다. 해당 제품에 대한 소비자 지식에서 차이가 있고 그 제품에 유명 브랜드가 없는 제품이라는 것을 모두 고려한 결과 컴퓨터 주변기기에서는 컴퓨터스피커, 생활용품에서는 제과류에서 팝콘을 선정하였다. 그리고 이에 대한 대학생 피험자 33명을 대상으로 마지막 사전 조사를 한 결과 소비자의 제품 지식이 초보자, 중간자, 전문가로 구분이 되면서 변별력이 있고 소비자의 제품 지식을 측정하기 용이한 제품으로 컴퓨터스피커가 선정되었다. 팝콘의 경우에는 사전 조사 결과 소비자 지식을 측정할 수 있는 적절한 척도를 개발하기 어려웠으며 피험자들간에 지식의 변별력도 없는 것으로 조사되어 연구 대상 제품에서 제외되었다.

1.2. 서비스

서비스는 해당 서비스의 특징이나 구매 동기에 따라 다양한 구분이 가능하다. 보통 서비스는 제품 선택 동기에 따라 기능적 서비스와 감성적 서비스로 구분된다(Lovelock, 1991). 본 연구의 실험 대상 서비스는 서비스 중에서 제품 속성을 잘 나타낼 수 있는 서비스를 선정하기로 하였으며 이러한 측면에서 기능적 서비스가 선택되었다. 이에는 유형 제품에서 실험 대상 제품으로 선정된 컴퓨터스피커가 기능적 성격이 강한 제품이라는 측면도 고려되었다. 그리고 해당 제품에서 강력한 브랜드가 없는 서비스를 선정하였다. 추가적으로 해당 제품에 대한 소비자의 지식 수준에 차이가 나타날 수 있는 제품이어야 한다는 측면도 고려되었다. 이에 따라 세탁, 배달, 미용 서비스 등의 서비스가 고려되었다. 제품과 동일하게 사전 소비자 조사 결과 미용 서비스는 소비자에 따라 기능적 서비스라고 인식하는 사람과 감정적 서비스라는 사람이 혼재하고 있어 실험 대상 제품에서 제외되었다. 다음으로 세탁 서비스를 피험자간에 지식을 측정하는 척도를 개발하기가 어려웠으며 피험자 집단간에도 지식이 차이에 대한 변별력이 없는 것으로 판단되어 이 또한 연구 대상 서비스에서 제외되었다. 마지막으로 1990년대 후반부터 우리나라에 퀵서비스라는 이름으로 일반화된 배달 서비스를 대상으로 하여 피험자 조사를 하였다. 조사 결과 피험자 대부분이 퀵서비스를 기능적 제품으로 인식하고 있었으며 이 서비스에 대한 이용 경험 및 지식에서도 차이가 나고 제품 지식을 측정할 수 있는 척도 개발이 용이한 것으로 판단되었다. 이에 따라 실험 대상 서비스 제품으로 퀵서비스가 결정되었다.

2. 실험에 사용될 가상 브랜드명과 심볼의 선정

우선 실험을 사용될 가상 브랜드명을 개발하고 선정하기 위해 우송대학교 컴퓨터 디자인학부에 재학하고 있는 학부생 30명을 대상으로 하여 브랜드명에 대한 사전 조사를 실시하였다. 1차 사전 조사로 소비자가 컴퓨터스피커와 퀵서비스의 구매 및 이용 시에 가장 중요하게 고려하는 속성을 기술하게 하였다. 조사 결과 퀵서비스에서 가장 중요하게 고려하는 속성은 속도로서 소비자들은 퀵서비스의 신속성을 중요하게 고려하는 것으로 파악되었다. 다음으로 컴퓨터스피커에서 가장 중요하게 고려하는 속성은 음질(sound quality)로서 소비자는 컴퓨터스피커의 소리를 중시하고 있는 것으로 조사되었다. 이에 따라 소비자가 중시하는 해당 제품 속성을 나타낼 줄 수 있는 브랜드명을 새로 개발하였다. 이것은 기존의 브랜드명에 관련된 연구에서 대부분 브랜드명을 새로이 개발하여 사용하고 있는 것과 같은 방법이다(Keller, Heckler and Houston, 1998). 브랜드명의 관련성은 Heckler and Childers(1992)에서의 관련성 정의 개념을 활용하여 브랜드명의 관련성을 정리하였다. 그리고 Keller, Heckler and Houston(1998)에서 사용한 브랜드명의 제시성을 2가지로 구분한 것(제시성이 있는 경우, 제시성이 없는 경우)을 보완적으로 사용하였다. 브랜드명 관련성이 높은 경우는 브랜드명이 의미가 있고 소비자가 해당 제품에 대하여 기대하는 제품 속성인 퀵서비스의 경우에는 속도, 컴퓨터스피키의 경우에는 음질이라는 특성을 나타내 줄 수 있는 정도가 강한 브랜드명을 새로 개발하였다. 반대로 브랜드명 관련성이 낮은 경우로서는 브랜드명이 해당 제품에서 기대하는 속성을 나타내는 정도가 낮은 브랜드명을 개발하였다. 이에 따라 본 연구에서 사용될 컴퓨터스피커와 퀵서비스 브랜드명을 제품 속성에 대한 정보 관련성 차원에서 관련성이 높은 경우와 낮은 경우로 해서 각 5개씩 모두 20개를 개발하여 이것을 가지고 2차 설문 조사를 하였다. 그리고 브랜드명 관련성 정도에 유의적인 차이가 있는지를 2차 사전 조사에서 수거된 설문지 자료를 t-test를 통해 검증하였다. 2차 사전 조사에서 사용된 브랜드명의 관련성이란 브랜드명이 해당 제품이나 제품에서 전달하고자 하는 주요 메시지를 직접적으로 나타내고 있는 정도(Heckler and Childers, 1992)라는 것을 피험자들에게 사전에 설명하여 이해시켰으며 이에 따라 설문 조사를 하였다. 설문 조사 항목은 각 브랜드명의 관련성에 대한 소비자의 평가를 7점 척도(1-관련성이 매우 낮다, 7-관련성이 매우 높다)로 측정하였다.

〈표 10〉 실험에 사용될 컴퓨터스피커 브랜드명의 관련성 분석

컴퓨터스피커 브랜드명	표본수	관련성 평균값	표준편차
TurtleShip	30	2.6667	1.1842
PineTree	30	2.9333	1.6174
ArchBridge	30	3.0667	1.2299
BlueBird	30	3.4000	1.6938
TwinEagles	30	3.4667	1.0417
Adballoon	30	3.5000	1.4797
TwinTowers	30	3.8333	1.7827
Canaria	30	4.0667	1.7407
DuoViolin	30	4.1333	1.4559
TwinVolcanos	30	4.2667	1.2299

<표 11> 실험에 사용될 퀵서비스 브랜드명의 관련성 분석

퀵서비스 브랜드명	표본수	관련성 평균값	표준편차
WoodHouse	30	2.3000	1.2635
BananaBox	30	2.5333	1.4320
Snake	30	2.6000	1.4288
JellyFish	30	2.7333	1.4368
PopularTree	30	3.1000	1.4468
ZigZag	30	3.0690	1.2227
SharkOne	30	3.4000	1.6103
FlyingBee	30	4.0333	1.2172
RunningHorse	30	4.5000	1.5029
FastBird	30	4.5000	1.5256

t-test 검증 결과 컴퓨터스피커 브랜드로 TwinEagles와 Twin-olcanos라는 브랜드명이 브랜드명의 관련성에 대하여 유의적인 차이가 있는 것으로 나타났다(유의수준 $p<0.05$). 이와 동일한 방법으로 FastBird, SharkOne이라는 퀵서비스 브랜드명에 대한 t-test 검증 결과에서도 관련성의 측면에서 유의적인 차이가 있는 것으로 나타났다($p<0.05$). 그리고 퀵서비스 브랜드명으로 FastBird와 SharkOne을 컴퓨터스피커 브랜드명으로 TwinEagles와 Twinolcanos를 선정한 다른 이유는 해당 브랜드명이 심상성이 높은 브랜드명이어서 해당 브랜드명을 심볼화하기 용이하다는 점도 고려되었다.

<표 12> TWINVOLCANOS 와 TWINEAGLES 의 관련성에 대한 T-TEST 결과

TwinVolcanos - TwinEagles	Paired Difference					T	df	p-값
	평균 차이	표준 편차	SD Error Mean	95% Confidence Interval of the Difference				
				Low	Upper			
	0.8000	1.1861	0.2166	0.3571	1.2429	3.694	29	.001

<표 13> FASTBIRD 와 SHARKONE 의 관련성에 대한 T-TEST 결과

FastBird - SharkOne	Paired Difference					T	df	p-값
	평균 차이	표준 편차	SD Error Mean	95% Confidence Interval of the Difference				
				Low	Upper			
	1.1000	2.3831	0.4351	0.2101	1.9899	2.528	29	.017

이에 따라 해당 제품 브랜드명의 관련성 차원에서 선정된 브랜드명은 다음과 같다.

<표 14> 브랜드명의 관련성 정도에 따라 선정된 브랜드명

제품유형 브랜드명 관련성	유형제품 컴퓨터스피커	서비스 퀵서비스
관련성이 낮은 경우	TwinEagles	SharkOne
관련성이 높은 경우	TwinVolcanos	FastBird

　다음으로 브랜드 심볼은 소비자가 이전에 노출된 경험이 없거나 그 가능성이 낮은 심볼을 제작하여 실험에 사용하였다. 심볼은 브랜드명이 의미하는 바를 나타내는 심볼을 사용하였다. 심볼의 브랜드명에 따른 기대는 피험자가 지각하는 차원에서 기대가 높은 경우, 중간인 경우, 낮은 경우로 나누어 동일한 브랜드명에 대하여 기대의 차원에서 선 처리(line drawing)를 각기 다르게 한 심볼을 50여가지를 제작하여 이에 대한 사전 소비자 평가를 실시하였다. 즉, 브랜드명에 따른 심볼 기대에 대한 평가는 다양하게 제작된 심볼에 대하여 소비자가 주관적으로 지각하는 기대에 평가 요소인 브랜드명에 의하여 떠오르게 되는 심상에 제시된 심볼이 예상하거나 기대했던 모습(pattern)에 대한 일치 평가 반응으로 측정(1-전혀 일치하지 않는다, 7-매우 일치한다)하였다. 이에 따라 우선 피험자들에게 먼저 기대에 대한 개념적인 이해를 시키고 브랜드 심볼 차원에서 심상 기대에 대한 설명을 하였다. 그리고 보완적으로 실제 사용되고 있는 브랜드 심볼을 대상으로 하여 심볼 기대에 대한 설명을 하였다. 그리고 실제 브랜드 심볼을 기대 정도에 따라 분류하여 기대가 높은 심볼, 기대가 중간인 심볼, 기대가 낮은 심볼의 사례를 OHP 슬라이드를 통해 제시하고 추가적인 설명을 하였다. 실험 조작의 성공 여부는 소비자의 심볼 기대에 대한 평가 자료를 일원 분산분석(one-way ANOVA)을 통해 검증하였다. 분석 결과 브랜드명에 따른 브랜드 심볼의 기대에 대한 평가가 실험 집단간에 유의적인 차이가 나는 심볼로서 본 실험에서 사용한 브랜드 심볼을 제시하면 다음과 같다.

〈그림 13〉 컴퓨터스피커 브랜드명의 관련성에 따른 브랜드 심볼의 기대

제품유형 브랜드명의 관련성 브랜드심볼의 기대	컴퓨터스피커 관련성이 높은 브랜드명 브랜드명: TwinVolcanos	컴퓨터스피커 관련성이 낮은 브랜드명 브랜드명: TwinEagles
기대가 높은 경우		
기대가 중간인 경우		
기대가 낮은 경우		

〈그림 14〉 퀵서비스 브랜드명의 관련성에 따른 브랜드 심볼의
기대

제품유형 브랜드명의관련성 브랜드심볼의 기대	퀵서비스 관련성이 높은 브랜드명 브랜드명: FastBird	퀵서비스 관련성이 낮은 브랜드명 브랜드명: SharkOne
기대가 높은 경우		
기대가 중간인 경우		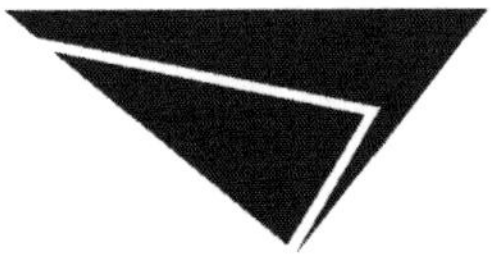
기대가 낮은 경우		

각 심볼의 기대에 대한 평가는 135명의 피험자를 대상으로 하여 4개의 브랜드명에 따른 서로 다른 3개의 심볼을 제시한 설문지를 45부씩 제작하여 이를 무작위로 배부한 다음에 피험자가 이에 대한 동의하는 정도를 7점 척도로 설문지에 평가하게 하였다. 이에 의하여 각 피험자는 상이한 4개의 브랜드명과 이에 따른 각 1개씩의 심볼을 본 다음에 자신에게 주어진 브랜드명에 따른 심볼 기대에 일치하는 정도에 동의하는 강도에 응답하게 하였다. 피험자는 피험자간에 상호 작용이 없이 자신에게 제시된 심볼에 대한 평가만을 하도록 하였다. 이렇게 하여 131부의 설문지가 회

수되었으며 설문 응답이 적절하게 이루어지지 않은 설문지 5부를 제외한 총 126부의 설문지가 분석에 이용되었다. 이에 따라 얻어진 심볼에 대한 피험자의 기대 동의 평가의 평균값과 표준편차는 다음과 같다.

〈표 15〉 컴퓨터스피커 브랜드 심볼에 대한 소비자의 기대 평가

제품유형 브랜드명의 관련성 브랜드심볼의 기대	컴퓨터스피커 관련성이 높은 브랜드명 브랜드명: TwinVolcanos		컴퓨터스피커 관련성이 낮은 브랜드명 브랜드명: TwinEagles	
기대가 높은 경우	평균	5.5476	평균	5.5924
	표준편차	1.2726	표준편차	0.9866
기대가 중간인 경우	평균	4.7381	평균	4.7143
	표준편차	1.1275	표준편차	1.1952
기대가 낮은 경우	평균	2.2143	평균	2.2381
	표준편차	1.2533	표준편차	1.3031

〈표 16〉 퀵서비스 브랜드 심볼에 대한 소비자의 기대 평가

제품유형 브랜드명의 관련성 브랜드심볼의 기대	퀵서비스 관련성이 높은 브랜드명 브랜드명: FastBird		퀵서비스 관련성이 낮은 브랜드명 브랜드명: SharkOne	
기대가 높은 경우	평균	5.3571	평균	5.5952
	표준편차	0.9497	표준편차	1.1906
기대가 중간인 경우	평균	4.4762	평균	4.3571
	표준편차	1.2145	표준편차	1.1857
기대가 낮은 경우	평균	2.0238	평균	2.1190
	표준편차	0.9497	표준편차	1.2533

다음으로 피험자의 브랜드 심볼에 대한 기대 평가의 일원 분산 분석(one-way ANOVA) 결과는 다음과 같다.

<표 17> TWINVOLCANOS 심볼의 기대에 대한 집단간 비교

변수	집단	Sum of Squares	df	Mean Square	F	p-값
FastBird	Between Groups	253.905	2	126.952	86.946	.000
	Within Groups	179.595	123	1.460		
	Total	433.500	125			

<표 18> TWINEAGLES 심볼의 기대에 대한 집단간 비교

변수	집단	Sum of Squares	df	Mean Square	F	p-값
TwinEagles	Between Groups	300.444	2	150.222	109.922	.000
	Within Groups	168.095	123	1.367		
	Total	468.540	125			

<표 19> FASTBIRD 심볼의 기대에 대한 집단간 비교

변수	집단	Sum of Squares	df	Mean Square	F	p-값
FastBird	Between Groups	250.619	2	125.310	96.880	.000
	Within Groups	159.095	123	1.293		
	Total	409.714	125			

<표 20> SHARKONE 심볼의 기대에 대한 집단간 비교

변수	집단	Sum of Squares	df	Mean Square	F	p-값
SharkOne	Between Groups	260.762	2	130.381	89.011	.000
	Within Groups	180.167	123	1.465		
	Total	440.929	125			

일원 분산분석 결과 브랜드명에 따른 심볼의 기대에 대한 피험자 집단간에 평가에 유의적인 차이가 있는 것으로 확인되었다. 그리고 사후 분석으로 Scheffe 분석 결과 유의 수준 p<0.05하에서 기대가 높은 경우, 중간인 경우, 낮은 경우로 구분되는 각 심볼간에 기대 반응 차이가 있는 것으로 확인되어 브랜드 심볼의 기대에 대한 조작은 성공적으로 이루어진 것으로 나타났다.

3. 소비자의 제품 지식

소비자의 제품 지식은 지식의 다차원성을 고려하여 객관적 지식, 주관적 지식, 경험 지식 차원을 고려하여 사후적으로 지식 수준에 따라 소비자들을 초보자 집단, 중간자 집단, 전문가 집단으로 구분하였다. 이에 대한 상세한 설명은 다음의 변수의 조작적 정의와 제5장 가설의 검증 및 분석 결과에 상세하게 제시되어 있다.

제 2 절 실험 디자인

  본 연구는 실험 방법을 통한 연구이므로 표본을 선정하여 이들을 대상으로 실험물을 설문지에 제공한 후 실험 자극에 대한 소비자 반응을 해당 설문지에 기입하게 하는 방식으로 피험자 실험 반응을 조사하였다. 우선 표본은 대학생들을 대상으로 하였기 때문에 신중한 실험 설계가 요구된다. 왜냐하면 특정 대학생들을 대상으로 한 경우에는 해당 대학생 집단의 특성이 실험 결과에 영향을 미칠 수 있고 이에 따라 외적 타당성에 의문이 제기될 수 있기 때문이다. 따라서 본 연구는 디자인 및 미술 계열 학생들을 제외한 일반계 학생들을 대상으로 남녀의 비율을 유사하게 유지하면서 다양한 지역의 학생들을 포함시켰다. 실험에서 디자인 및 미술 계열 학생들을 제외시킨 이유는 이들이 브랜드 심볼의 시각적 특성에 대하여 다른 전공 학생들보다 많은 지식을 보유하고 있고 이러한 심볼 특성에 민감하게 반응할 수 있기 때문이다. 이에 따른 실험의 주요 표본 대상은 비확률 표본추출 방법인 판단 표본추출법(judgmental sampling method)을 사용하여 선정하였다.

1. 실험 디자인

  본 연구의 기본적인 실험 방법은 브랜드명의 관련성 정도와 브랜드 심볼 기대 정도에 따른 소비자 감정 및 행동 반응을 소비자 제품 지식 수준별로 사후 구분하는 집단간 디자인(betweensubjects design)으로 하였으며 이에 따라 설계된 실험 디자인은 다음과 같다.

1.1 본 연구의 기본 실험 설계

<표 21> 실험 설계

브랜드명	제품 지식	심볼 기대가 높은 경우	심볼 기대가 중간인 경우	심볼 기대가 낮은 경우
브랜드명의 관련성이 높은 경우	초보자	Group 1	Group 4	Group 7
	중간자	Group 2	Group 5	Group 8
	전문가	Group 3	Group 6	Group 9
브랜드명의 관련성이 낮은 경우	초보자	Group 10	Group 13	Group 16
	중간자	Group 11	Group 14	Group 17
	전문가	Group 12	Group 15	Group 18

본 실험은 각 실험 집단이 컴퓨터스피커와 퀵서비스라는 실험물 중의 하나에 노출되고 이에 응답하게 하는 방식으로 이루어졌다.

제 3 절 실험 절차

본 연구에 대한 실험은 기본적으로 사전 조사를 통하여 브랜드 명의 관련성을 2가지 차원(관련성이 높은 경우, 관련성이 낮은 경우), 브랜드 심볼의 기대를 3가지 차원(기대가 높은 경우, 기대가 중간인 경우, 기대가 낮은 경우)으로 조작하고 이에 대한 소비자 반응을 태도 및 행동 차원에서 측정하고 사후적으로 소비자 지식 수준을 3가지(초보자, 중간자, 전문가) 집단으로 구분하는 것이다. 실험 방법은 특정 제품에 대한 브랜드명과 이 브랜드명에 관련된 제품과 제품 속성을 소개하는 문구 카피가 있는 실험물을 설문지에 제시한 후 이 실험물에 대한 소비자 반응을 설문지를 통하여 조사하였다. 이에 따른 본 연구의 주요 실험 절차는 다음과 같다.

<표 22> 본 연구의 실험 절차

구성 항목	실험설문지 페이지	피험자의 과업
1. 일러두기	1 page	실험 설문지 첫 장을 보면서 구체적으로 밝히지 않은 연구 목적과 실험 응답 방식에 대하여 이해한다
2. 실험물	2 page	브랜드 로고, 브랜드명, 해당 브랜드 제품, 제품 속성 소개 문구에 대한 실험 자극물을 본다
3. 브랜드 평가	3 page	브랜드의 브랜드 로고, 브랜드 이미지, 브랜드 태도, 지각된 품질, 구매 의도에 대한 평가에 응답을 한다
4. 제품 지식	4 page	제품에 대한 소비자의 제품 지식을 측정하는 설문 항목에 응답한다
5. 일반 질문	5 page	피험자가 생각하는 해당 연구의 본래 연구 내용과 실험 설문 응답 시 생각나는 것에 대하여 자유 기술(verbal protocol)하고 피험자 자신의 기본적인 인구통계 질문 항목에 응답한다.

제 4 절 변수의 조작적 정의

1. 주요 변수의 조작적 정의 및 측정

1.1. 독립 변수

1.1.1. 브랜드명의 관련성

브랜드명을 선정하는데 있어 고려해야 하는 핵심 사항 중에 하나는 브랜드명이 전달하는 제품에 대한 제시적이거나 설득적인 정보의 정도를 결정하는 것이다(Keller, Heckler and Houston, 1998). 보통 브랜드명의 의미란 브랜드명이 제품 범주를 나타내는 정도를 의미하고 설득적인 의미의 정보란 브랜드가 속한 특정한 제품의 핵심 속성이나 혜택에 관한 것을 나타내는 것을 뜻한다. 기존의 브랜드명 의미에 대한 연구는 브랜드명 제시성이란 측면에서 연구가 이루어졌다. 브랜드명 제시성(brand name suggestiveness)이란 브랜드명이 특정한 제품 맥락에 대한 속성 또는 혜택에 관련된 정보를 전달하는 것(a brand name that conveys relevant attribute or benefit information in a particular product context)을 의미한다. 이러한 브랜드명 제시성은 연속체적인 특징을 있으며 브랜드명이 가지고 있는 의미 정도에 따라 완전히 비제시적인 것에서부터 제시성이 매우 높은 것까지 브랜드명 제시성의 정도는 매우 다양하다(Keller, Heckler and Houston, 1998). 그런데 이러한 브랜드명의 제시성은 일치성(congruency)의 구성 요소인 관련성(relevancy)과 개념적으로 거의 유사한다. 관련성이란 테마나 커뮤니케이션 되는 중요한 메시지는 명확하게 규명하는데 기여하거나 구분하는 정보를 포함하고 있는 것으로서 테마의 의미에 직접적인 관련이 있는 자극물(material pertaining directly to the meaning of the theme and reflects how information contained in the stimulus contributes to or detracts from the clear identification of the theme or primary being communicated)을 의미한다(Heckler and Childers, 1992). 이러한 관련성에 대해 광고에서 이루어진 연구에서의 조작적 개념 정의를 살펴보면 관련성이란 광고에 의하여 커뮤니케이션 되는 주요 메시지를 규명하는데 기여하는 정보의 정도(degree of to which a piece of information contributes to the identification of the primary message communicated by the ad.)라고 하였다(Lee and Mason, 1999). 이것을 브랜드명의 관련성 측면에서 살펴보면 브랜드명의 관련성이란 브랜드명이 해당 제품에 대한 속성이나 혜택에 대한 정보를 전달하는 정도라고 할 수 있다. 따라서 본 연구에서 조작 정의된 브랜드명 관련성이란 제품의 속성 차원에서 브랜드명이 제품에 대한 속성적 정보를 전달하는 정도로 하였다. 이에 따라 본 연구에서는 독립 변수로서 브랜드명의 관련성을 정도 측면에서 다음과 같이 구분하였다.

<표 23> 브랜드명의 관련성 구분

관련성이 높은 브랜드명 (high brand name relevancy)	관련성이 낮은 브랜드명 (low brand name relevancy)
브랜드명이 제시된 제품의 속성과 관련성 높은 경우	브랜드명이 제시된 제품의 속성 과 관련성 낮은 경우

다음으로 브랜드명의 표기 방식은 어느 언어를 사용하여 브랜드명을 나타낼 지에 관한 것인데, 보통 브랜드명을 결정할 때 어

느 언어로 할 것인지의 결정해야 한다. 제품군별로 특정 언어를 브랜드명으로 사용하는 경향이 있으며 이에 대한 소비자 반응도 다르게 나타난다(Leclerc, Schmitt and Dube, 1994). 그러나 브랜드명으로 사용되는 언어는 크게 2가지로 대별할 수 있다. 하나는 영어이고 다른 언어는 현지어인 데 점차로 영어를 사용하는 비중이 높아지고 있다. 따라서 본 연구에서는 영어 브랜드명이 일반화되어 가는 경향을 반영하여 영어로 표기한 브랜드명을 사용하기로 하였으며 그 중에서 피험자가 이해 가능한 수준의 브랜드명을 사용하여 브랜드명의 관련성을 측정하였다.

1.1.2. 브랜드 심볼의 기대

기대는 일치성을 구성하고 있는 개념으로 파악된다(Heckler and Childers, 1992). 일치성(congruency, congruity, consistency)이란 소비자 반응 및 행동 변화를 설명하는 개념이다(Lutz, 1991). 일치성의 이론적 토대는 맨들러가 주장한 스키마 불일치성 이론에서 근거를 찾을 수 있다(Mandler, 1982). 일치성이란 대상/제품의 속성과 관련된 스키마와의 사이에 조화(a match between the attributes of an object/product and a relevant schema)를 의미한다(Mandler, 1982, Meyers-Levy and Tybout, 1989). 이러한 일치성은 보통 제시되는 정보가 사전에 가지고 있는 기대나 스키마와 일치는 것을 의미한다(Heckler and Childers, 1992). 본 연구에서는 메시지 내용과 제시되는 심상적 정보와의 상호관련성의 차원에서 일치성을 정의하였다(Smith and Shaffer, 2000). 인지심리학에서 일치적인 행동이란 관련성과 기대가 모두 있는 것을 의미하고 불일치한 행동이란 관련성이 있고 비기대적인 것을 의미하며 비일치적인 행동이란 관련성이 없고 기대도 없는 것으로 제공되는 정보의 유용성이 없는 것을 의미한다.

관련성은 위의 브랜드명의 관련성에서 다루었으므로 브랜드 심볼 측면에서는 브랜드 심볼의 브랜드명에 따른 기대 측면에서 다루었다. 기대란 테마에 의하여 불러 일으켜지는 것으로 사전에 결정되어진 어떤 유형이나 구조에 부합하는 부분 정보나 정보 항목의 정도(degree to which an item or piece of information falls into some predetermined pattern or structure evoked by the theme)라고 정의된다(Heckler and Childers, 1992). 본 연구에서는 기대에 대한 조작적 정의를 메시지라고 할 수 있는 브랜드명이 불러 일으키는 사전에 결정된 심상적 유형에 제시되는 심볼이 부합하는 정도로 하였다. 이것은 기존에 광고 연구에서 이루어진 기대에 대한 조작적 정의를 광고에 의하여 불러 일으켜지는 사전에 결정된 유형이나 구조에 정보가 부합하는 정도(degree to which a piece of information falls into some predetermined pattern or structure evoked by an ad., Lee and Mason, 1999)라고 하는 것을 응용한 것이다. 이에 따라 브랜드명이라는 테마 메시지의 따라 불러 일으켜지는 심상에 제시되는 심볼이 부합하는 정도로 브랜드 심볼 기대를 조작 정의하였다. 이에 따라 심볼 기대에 부합하는 정도가 다른 심볼을 제작하고 이에 대한 소비자 평가를 통해 기대의 정도를 3가지로 구분하였다.

브랜드 심볼 디자인에 있어 심볼의 시각적 기대는 브랜드명이 나타내는 심상과 이를 표현한 심볼과의 공유하는 시각적인 특성을 의미한다. 본 연구는 브랜드 심볼에 대한 시각적인 기대에 대한 분석이므로 브랜드명이 나타내는 심상의 시각적인 모양(shape)에 초점을 맞추었다. 브랜드 심볼은 브랜드의 특성을 시각적으로 나타낸 것으로 어떤 심상적 의미가 있는 대상을 나타내고 있는데, 심볼로 동물과 같은 자연물이 많이 사용되고 있다. 이러한 심볼의 예로서 별, 산, 황소, 비둘기 등이 있다. 그런데 여기서 흥미로운 것은 심볼로 사용되는 이들 대상의 표현된 모양이 시각적 기대 정도에서 보면 그 정도가 매우 다양하다는 것이다. 브랜드 심볼의 시각적 특성을 결정하는 요소로서는 모양(shape), 색상(color), 명암(shading), 관점(perspective), 재질(texture), 장식처리(trim) 등이 있다. 이들 요소들에 의하여 대상 모습(appearance)의 특징이 결정되고 이러한 특징이 사람들의 대상에 대한 미적인 감정 반응에 영향을 미친다(Schmitt and Simonson, 1997). 따라서 연구자는 기대를 결정하는 여러 가지 요소를 적절히 통제하거나 조작하여야 할 필요가 있다. 본 연구에서는 브랜드 심볼의 시각적 기대 차원에서 모양을 나타내는 요소 중에 하나인 선 처리(line drawing)에 초점을 맞추어 기대의 정도를 조작하였다. 이에 따라 해당 브랜드명이 나타내는 대상의 모양을 다양하게 선 처리한 것을 실험물로 다수 제작하여 이에 대하여 피험자가 주관적으로 지각하는 기대 정도를 3단계(기대가 높은 경우, 기대가 중간인 경우, 기대가 낮은 경우)로 구분하였다. 즉, 기대가 높은 경우는 브랜드명이 불러 일으키는 심상에 대한 기대에 일치하도록 선 처리를 사실적으로 정교하게 한 것으로, 기대가 중간인 경우는 기대와 중간 정도로 일치하도록 선 처리를 중간 정도 간략화하여 변형 처리한 것으로, 기대가 낮은 경우는 선 처리를 그리고 극단적으로 단순화 처리하여 제시되는 심볼이 무엇을 의미하는 지 이해가 잘 되지 않아서 정보 해석이 어려운 것으로 하였다. 참고적으로 브랜드 로고를 유형별로 크게 구분하면 심볼형과 워드마크형으로 나눌 수 있다(Keller, 1998, Henderson and Cote, 1998). 그런데 본 연구에서 기대 대상이 된 것은 심볼이다. 심볼은 브랜드 로고의 특수한 형태이다(Keller, 1998). 로고 중에 로고 내부에 브랜드명이 부가된 경우도 있으나 본 연구에서는 연구의 신뢰성을 높이기 위하여 기대 차원에서 3가지 유형의 심볼을 제작하고 브랜드명을 심볼 하부에 표기하여 사용하였다. 그런데, 심볼형 로고를 사용했다고 해서 로고 유형 중에서 많이 사용되는 워드마크(Wordmark)형 로고의 중요성을 등한시하려는 것은 아니다. 이렇게 하는 이유는 연구의 성격상 브랜드 로고에서 문자의 영향이 나타나는 것을 방지하기 위해 워드마크(Wordmark)형 로고를 연구 대상에서 제외한 것이다.

마지막으로 비디자인 계열 학생들을 대상으로 사전 조사한 결과 대부분의 피험자가 브랜드 심볼과 브랜드 로고를 명확하게 구분하지 못하고 심볼을 로고로 파악하고 있어 본 실험에서는 브랜드 심볼을 심볼이라고 하지 않고 브랜드 로고라고 하였다.

1.1.3. 제품 지식

예전에는 지식을 단일 차원으로 이루어져 있는 것으로 간주하였으나 점차로 이 분야에 대한 연구가 이루어짐에 따라 지식은 다차원적으로 이루어진 것으로 파악되고 있다(Alba and Hutchinson, 1987, Park, Mothersbaugh and Feick, 1994). 일반적으로 소비자의 제품 지식은 객관적 지식, 주관적 지식, 경험 지식 등의 차원으로 구분될 수 있다(Brucks, 1985, Alba and Hutchinson, 1987). 본 연구에서도 지식의 다차원성을 고려해 객관적, 주관적, 경험적 지식을 모두 고려하여 각 제품별로 적절한 척도를 개발하여 측정하였다. Brucks(1985)에 의하면 주관적 지식이 자기보고(self-report) 방식에 근거하기 때문에 소비자의 의사결정에 대한 자신감과 관련 있는 반면, 객관적 지식은 개인이 장기 기억에 가지고 있는 지식 구조에 근거하므로 정보를 정확하게 처리할 수 있는 능력이라는 측면이 있다고 하였다. 따라서 소비자 지식 측정은 연구자의 연구 목적에 따라 적절한 척도를 개발하여 사용하여야 한다. 본 연구에서 개발하여 측정한 소비자 지식 척도는 자기 보고적인(self-reporting) 관점에서 객관적, 주관적, 경험적 지식을 각각 측정하여 이의 결합을 통해 소비자 지식 수준을 사후적으로 초보자, 중간자, 전문가 집단으로 구분하였다. 객관적 지식을 측정하는 방법으로는 보통 2가지 유형이 있다. 하나는 해당 제품에 대한 다지선다형 질문(multiple choice questions) 또는 진위형(true/false)을 통해서 측정하는 방법이 있고 다른 하나는 제품에 대한 지식의 구성 요소나 판단 기준을 개방형 질문(open-ended questions)을 통하여 측정하는 방법이 있다. 본 연구에서는 해당 제품 전문가에게 해당 제품에 대한 초보자, 중간자, 전문가를 판단할 수 있는 제품 지식 특성 요소들을 추출하여 이에 대한 4개의 진위형 질문을 통해서 객관적 지식을 측정하였다. 다음으로 주관적 지식 측정은 기존에 Park, Mothersbaugh and Feick(1994)에서 사용한 항목을 본 연구에 맞게 수정하여 사용하였다. 이것은 소비자의 지식을 측정하기 위한 4가지의 어의차별 척도로서 당신은 해당 제품에 대하여 얼마로 알고 있다고 생각하는가?, 당신은 친구들에 비하여 해당 제품에 대하여 얼마나 알고 있다고 생각하는가?, 당신은 전문가에 비하여 해당 제품에 대하여 얼마나 알고 있다고 생각하는가?, 당신은 해당 제품을 구매/이용할 때 고려해야 하는 중요한 요소에 대하여 얼마나 알고 있는가?라는 질문에 대한 7점 척도(1-잘 모르겠다, 4-보통이다, 7-잘 알고 있다)로 측정하는 것이다. 그러나 이 항목이 사전 조사 결과 피험자들이 전문가에 대하여 많은 의문을 제기하여 부분적으로 수정되었다. 이에 따라 수정된 주관적 항목은 제품 친숙성, 제품 특성에 대한 지식, 친구들과 비교한 상대적 지식, 구매 시 고려해야 하는 제품 특성 지식으로 수정되었다. 마지막으로 경험적 지식에 대한 측정은 해당 제품 광고 노출 여부 및 제품의 구매 또는 이용 여부를 측정하였다(Zinkhan and Muderrisoglu, 1985, Park, Mothersbaugh and Feick, 1994).

1.2. 종속 변수

종속 변수는 브랜딩에 대한 소비자 반응을 측정하는 변수로서 다양한 브랜드 관련 변수를 통하여 소비자 반응을 측정할 수 있다. 브랜드도 기업의 마케팅 커뮤니케이션 활동으로 파악할 수 있다. 이러한 관점에서 보면 소비자 반응 변수를 인지적 차원, 감정적 차원, 행동적 차원으로 구분하여 다양하게 측정할 수 있다. 본 연구에서는 기존의 브랜드에 대한 소비자 반응 변수 중에서 본 연구에 적절하다고 판단되는 변수를 연구자가 선정하여 측정하였다. 브랜드에 대한 소비자 반응을 측정하는 변수는 인지와 태도로 나누고 있는데, 일반적으로 연구자는 연구 목적에 따라 어느 한 차원의 변수로 측정하는 것에 따른 것이다(Meyers-Levy and Tybout, 1989). 이에 따라 우선 소비자의 브랜드에 대한 인지 반응인 재인과 회상은 제외하였다. 왜냐하면 브랜드명과 심볼의 일치성에 대한 소비자 반응은 브랜드에 대한 느낌 반응으로서 소비자의 감정적인 반응 성격이 강한 변수이기 때문이다(Henderson and Cote, 1998). 이것은 소비자가 특정 브랜드를 인지하고 있다고 하더라도 이의 이미지에 대한 감정 반응이 부정적인 경우에는 해당 브랜드에 대하여 비우호적인 태도를 취할 수 있다는 것을 반영한 것이다(Berry, 2000). 기존에 이루어진 브랜드에 대한 소비자 반응 연구와 일치성에 대한 연구의 상당수가 소비자의 인지 반응에 초점을 맞추어(Heckler and Childers, 1992, Keller, Heckler and Houston, 1998), 상대적으로 소비자의 감정이나 행동에 대한 반응 연구가 부족하다는 측면도 고려되었다. 이에 따라 브랜드에 대한 소비자 감정 반응(affect response)으로 태도를 측정하였다.

태도는 감정 차원의 반응으로서 소비자가 해당 대상에 대하여 일관성 있게 긍정적, 부정적 또는 중립적으로 반응하는 성향을 의미한다(Lutz, 1991). 우선 브랜드에 대한 소비자 감정 반응을 심볼에 대한 감정 반응과 브랜드 이미지에 대한 반응, 브랜드에 대한 태도 반응으로 나누어 이에 동의하는 정도를 7점 척도(1-전혀 그렇지 않다, 4-보통이다, 7-매우 그렇다)로 측정하였다. 심볼의 기대에 대한 소비자의 평가적인 감정 반응으로는 브랜드 심볼의 적절성(good, 브랜드 로고로 적절한 로고이다), 호감도(liking, 브랜드 로고로 호감이 간다), 흥미도(interesting, 브랜드 로고로 흥미로운 로고이다), 품질(quality, 브랜드 로고로 로고 (품질) 수준이 높다), 독특성(unique, 브랜드 로고로 독특하다)으로 측정하였다. 이들 측정 변수는 Henderson and Cote(1998)의 연구에서 단일 요인으로 파악되는 구성 요소들이다. 그리고 이에 더하여 브랜드 심볼에 대한 전체적인 느낌 반응(feeling, 브랜드 로고로 전체적인 느낌이 좋다)을 추가하였다. 이에 따라 브랜드 심볼 기대에 대한 소비자의 감정적인 평가 반응은 적절성, 호감도, 홍미도, 품질, 독특성의 차원으로 평가하였고 마지막으로 심볼에 대한 전체적인 감정 반응으로서 느낌 반응을 측정하였다.

다음으로 브랜드 이미지에 대한 감정 반응은 브랜드 지식에서의 브랜드 이미지 측면에서 측정하였다(Keller, 1993). 브랜드 이미지는 해당 제품과 브랜드 이미지와 적절성 차원에서 브랜드 연상의 호감도(favorability of brand association, 브랜드로 연상되는 것이 호감이 간다), 브랜드 연상의 강도(strength of brand association, 브랜드로 연상되는 것이 강하다), 독특성(uniqueness of brand association, 브랜드로 연상되는 것이 독특하다), 연상의 유형(속성(제품관련 대 비제품관련)), 혜택(기능적, 경험적, 상징적) 등이 있다(Keller, 1993). Keller(1993)의 연구에서 사용된 측정 항목 중에 브랜드 연상의 호감도, 브랜드 연상의 독특성, 브랜드 연상의 강도로 나누어 측정하였다. 그리고 브랜드 이미지에 대한 종합적인 평가로서 해당 브랜드(브랜드명 및 심볼)가 해당 제품에서의 전체적으로 바람직한 이미지의 브랜드라고 생각하는 지에 대한 반응(브랜드로 전체적으로 브랜드 이미지가 좋다)을 부가하여 측정하였다.

브랜드에 대한 태도 반응은 Lee and Mason(1999)의 연구에서 사용한 척도와 일반적인 소비자 태도 반응 측정 항목 중에서 본 연구에 적절하다고 하는 브랜드 태도 항목을 다차원적인 어의차별 척도로 구성하여 측정하였다. 이에 따른 브랜드 태도 측정 항목은 브랜드에 대한 적절성(브랜드로 적절한 브랜드이다), 독특성(브랜드로 독특한 브랜드이다), 홍미성(브랜드로 홍미로운 브랜드이다), 우호성(브랜드로 좋은 브랜드이다), 선호성(브랜드로 마음에 든다), 호감성(브랜드로 호감이 간다), 전체적인 우호성(브랜드로서 전체적으로 좋은 브랜드이다)으로 측정하였다.

마지막으로 제품 평가에 대한 차원으로 해당 제품 품질에 대하여 소비자가 지각하는 평가 반응(품질은 좋을 것이다)으로 측정하였다(Keller and Aaker, 1992). 그리고 행동적 차원에서 구매 의도(구매 또는 이용할 의향이 있다)를 측정하였다.

후속적으로 소비자 브랜드 평가에 대한 영향을 미치는 추가적인(follow-up) 변수로서 인구통계학적인 변수를 측정하였다.

제 5 절 설문지의 구성 및 분석 방법

1. 설문지의 구성

본 연구는 설문지를 통한 실험의 방식으로 이루어졌다. 실험 자극은 설문지를 통하여 제공되고 이에 대한 소비자 반응 자료도 설문지를 통하여 획득되었다. 따라서 본 연구에서 사용된 실험 설문지의 주요 변수 구성 및 내용을 정리하면 다음과 같다.

〈표 24〉 설문지의 구성

변수 구분	개별 변수	구성 내용	항목수	비고
종속 변수	브랜드 심볼의 기대 정도에 대한 소비자 감정 반응	적절성, 호감성, 흥미성, 로고품질, 독특성, 전체적인 느낌 반응	6	7점 척도, Henderson and Cote(1998)와 전체적인 심볼 느낌 반응
종속 변수	브랜드 이미지	연상호감도, 연상강도, 연상독특성, 전체적인 이미지반응	4	7점 척도, Keller(1993)의 척도 수정 변환과 전체적인 이미지 반응
종속 변수	브랜드 태도	적절성, 독특성, 흥미성, 우호성, 호감성, 선호성, 전체적인 양호성	7	7점 척도, Lee and Mason(1999)과 일반적인 태도평가 항목
종속 변수	지각된 품질	품질 평가	1	7점 척도, Keller and Aaker(1992)
종속 변수	구매 의도	구매 의도	1	7점 척도 Keller and Aaker(1992)
독립 변수	브랜드명의 관련성	브랜드명의 관련성	1	2가지 차원으로 구분 Heckler and Childers(1992)
독립 변수	심볼의 기대	기대	1	3가지 차원으로 구분, Heckler and Childers(1992)
조정 변수	제품 지식	객관적 지식(4), 주관적 지식(4), 경험적 지식(2),	10	3가지 수준으로 구분, Alba and Hutchinson(1987), Park, Mothersbaugh and Feick(1994)
기타 변수	인구통계변수	성별, 나이, 직업	3	
기타 변수	연구의 목적 추측	자유기술 (protocol)	2	실험 응답자의 실험 목적 추측 검토

2. 분석 방법

본 연구는 브랜드에 대한 소비자 반응에 영향을 미치는 주요 변수로 제품 지식(초보자, 중간자, 전문가), 브랜드명의 관련성(높은 관련성 대 낮은 관련성), 심볼의 기대(높은 기대, 중간 기대, 낮은 기대)라는 변수의 영향 정도를 검증하기 위한 것이므로 분산분석(ANOVA)을 통하여 주요 가설을 검증하였다. 그리고 보완적으로 연구의 완성도를 높이기 위하여 다양한 분석 방법을 사용하였다.

먼저, 측정 도구인 변수의 신뢰성을 검증하기 위하여 크론바알파(Cronbach's α) 검증을 사용하였다. 가설 검증은 SPSS 10.0 for Windows 프로그램을 이용한 분산분석을 통해 이루어졌다.

제 5 장 가설의 검증 및 분석 결과

제 1 절 자료의 분석

1. 소비자 제품 지식의 구분

 본 실험으로 설문을 통한 조사에서 브랜드명의 관련성과 브랜드 심볼의 기대에 따라 제품과 서비스 유형별로 각 6개 유형의 설문지를 작성하였다. 이에 따라 총 12개 유형의 설문지가 각 60부씩 720부의 설문지가 작성되어 배포되었다. 배포된 설문지 중 668부의 설문지가 수거되었다. 이 중에서 설문 응답이 불성실하게 이루어진 설문지 25부와 본 실험의 연구 목적을 피험자의 자유 기술로 분석한 결과 본 연구 목적과 내용을 나름대로 정확하게 추측한 설문지 36부를 제외한 총 607부가 설문 분석에 이용되었다. 수거된 설문지는 퀵서비스 설문지가 304부, 컴퓨터스피커 설문지가 303부이었다. 이 중에서 소비자 지식 수준에 따라 피험자를 우선 초보자 집단, 중간자 집단, 전문가 집단으로 분류하였다. 각 제품에 대한 소비자 지식은 객관적 지식 측정 4항목, 주관적 지식 측정 4항목, 그리고 경험적 지식 측정 2항목씩 총 10개의 항목에 대한 소비자 평가 반응을 실시하였다. 주관적 지식은 소비자 스스로 자기 보고적인 지식 항목들에 7점 척도로 응답하게 하였다. 객관적 지식은 제품 유형별로 4개의 진위형 질문을

1-맞다, 2-틀리다, 3-잘 모르겠다로 하여 질문에 정답을 맞춘 항목에 대하여 7점을 부여하고 정답을 맞추지 못하였거나 잘 모르겠다고 응답한 항목에 대하여 0점을 부여하였다. 마지막으로 경험적 지식은 해당 제품의 광고 노출 여부와 구매 또는 이용 여부 항목으로 측정하였는데 광고 노출 경험이나 이용 경험이 있는 경우에는 각 7점을 부여 하였으며 이에 해당되지 않는 경우에는 0점을 부여하였다. 이렇게 하여 70점 만점으로 소비자의 제품 지식을 초보자 집단, 중간자 집단, 전문가 집단으로 구분하였다. 구분 기준은 3분위를 기준으로 상위 33%를 전문가 집단, 중간 34%를 중간자 집단, 하위 33%를 초보자 집단으로 제품 유형에 따라 구분하였다.

퀵서비스의 경우에는 소비자 제품 지식 점수가 4점에서 68점 사이로 나타났으며 이에 따라 점수가 26점 이하인 소비자들을 초보자 집단, 점수가 27점이 상-36점 사이인 소비자들을 중간자 집단, 점수가 37점 이상인 소비자들을 전문가 집단으로 분류하였다. 그리고 컴퓨터스피커의 경우에는 소비자 제품 지식 점수가 4점에서 60점 사이로 나타났으며 이 중에서 점수가 16점 이하인 소비자들을 초보자 집단, 17-27점 사이인 소비자들을 중간자 집단, 28점 이상인 소비자들을 전문가 집단으로 분류하였다. 이에 따라 소비자 지식 수준(3수준), 브랜드명의 관련성(2수준), 브랜드 심볼 기대(3수준)를 구분 변수로 하여 모두 18개의 집단으로 실험 집단을 분류하였다.

<표 25> 관련성, 기대, 지식 수준에 따른 실험 집단 구분

브랜드명	제품 지식	심볼 기대가 높은 경우	심볼 기대가 중간인 경우	심볼 기대가 낮은 경우	합계
브랜드명의 관련성이 높은 경우	초보자	Group 1 N=30	Group 4 N=28	Group 7 N=33	91
	중간자	Group 2 N=41	Group 5 N=29	Group 8 N=35	105
	전문가	Group 3 N=31	Group 6 N=39	Group 9 N=34	104
브랜드명의 관련성이 낮은 경우	초보자	Group 10 N=36	Group 13 N=38	Group 16 N=42	116
	중간자	Group 11 N=30	Group 14 N=28	Group 17 N=32	90
	전문가	Group 12 N=38	Group 15 N=38	Group 18 N=25	101
합계		206	200	201	607

2. 설문 응답자 특성

본 설문 응답자의 특성을 연령, 학력, 성별로 구분하여 제시하면 다음과 같다.

154 브랜드 구성요소에 대한 소비자 반응 연구

<표 26> 설문 응답자의 나이, 성별

성별 나이	남성		여성		합계	
	빈도	비율 (%)	빈도	비율 (%)	빈도	비율 (%)
만 19세 이하	42	6.9	47	7.7	89	14.6
만 20-25세 사이	246	40.6	238	39.2	484	79.8
만 26-30세 사이	26	4.3	2	0.3	28	4.6
만 31세 이상	6	1.0	0	0	6	1.0
합계	320	52.7	287	47.3	607	100

<표 27> 설문 응답자의 성별, 학력

성별 학력	남성		여성		합계	
	빈도	비율(%)	빈도	비율(%)	빈도	비율 (%)
대학 1년	54	8.9	52	8.6	106	17.5
대학 2년	84	13.8	87	14.3	171	28.1
대학 3년	124	20.4	94	15.5	218	35.9
대학 4년	54	8.9	52	8.6	106	17.5
대학원	4	0.7	2	0.3	6	1.0
합계	320	52.7	287	47.3	607	100

설문 응답자의 남녀 성비는 거의 고르게 분포(남성: 52.7%, 여성: 47.3%)되었으면 학력은 대학교 1학년부터 대학원까지 분포되어 있었으며 주로 2, 3학년에 집중되어 있었다. 그리고 연령별로는 만 20세-25사이에 집중 분포되어 있어 우리나라 대학생들의 평균적인 나이 분포를 나타내고 있음을 알 수 있었다.

3. 측정 항목의 신뢰성 분석

측정항목에 대한 신뢰성 검정은 Cronbach's α 계수를 사용해 이루어졌다. 신뢰성(reliability)이란 동일한 개념의 변수에 대하여 비교 가능한 측정 도구를 사용하여 반복 측정할 경우에 동일한 결과를 얻을 수 있는 정도를 의미한다. 이를 검정하는 방법은 재검사법, 반분법, 복수양식법, Cronbach's α 등이 있다. 본 연구에서는 변수 구성 항목들간의 내적 일관성을 측정함으로써 신뢰성을 검증하는 방법인 Cronbach's α 를 이용하였다. 보통 사회과학 연구에서 신뢰성 계수인 Cronbach's α 가 0.5 이상이면 신뢰성이 있는 것으로 파악되고 있다. 이에 따라 본 연구에 사용될 종속 변수들에 대한 신뢰성 검증 결과는 다음과 같다.

〈표 28〉 소비자 반응 항목에 대한 신뢰성 검증 결과

소비자 반응 변수	항목수	개별 구성 항목	Cronbach's	사례수
브랜드 로고에 대한 반응	6	적절성, 호감도, 흥미도, 품질, 독특성, 전체적인 느낌 반응	0.8580	N=607
브랜드 이미지 반응	4	연상 호감도, 연상의 강도, 연상의 독특성, 전체적인이미지반응	0.8070	N=607
브랜드 태도 반응	7	적절성, 독특성, 흥미성, 우호성, 호감성, 선호성, 전체적인 태도 평가	0.9186	N=607

신뢰성 검증결과 브랜드 로고에 대한 반응에서 Cronbach's α 에 의한 신뢰성이 0.8580, 브랜드 이미지 반응에서 Cronbach's α 에 의한 신뢰성이 0.8070, 브랜드 태도 반응에서 Cronbach's α 에 의한 신뢰성이 0.9186으로 나와 각 측정 항목에 대하여 신뢰성이 있는 것으로 판명되었다. 다음으로 브랜드에 대한 소비자 반응은 소비자가 브랜드에 대한 각 종속 변수 구성 항목에 대한 전체 합산에 의하여 형성된 인상에 의하여 평가되는 특징이 있다 (Schmitt and Simonson, 1997). 따라서 본 연구에서는 각 종속 변수 구성 항목을 평균한 값을 사용하기보다는 각 변수들의 구성 항목을 합산한 전체 값을 사용하였다. 왜냐하면 소비자의 브랜드에 대한 반응은 개별 항목들을 종합하여 형성하는 전체적인 반응이기 때문이다.

제 2 절 가설의 검증

1. 가설 1의 검증

브랜드명의 관련성이 소비자 반응에 미치는 영향에 대하여 다음과 같은 가설을 설정하였다.

> 가설 1. 브랜드에 대한 소비자 반응은 브랜드명의 해당 제품 속성 관련성이 낮은 경우보다 높은 경우에 긍정적으로 나타날 것이다.

본 가설은 브랜드명의 제품 속성 관련성 정도에 따라 소비자 브랜드 반응이 대한 다르게 나타날 것이다이다. 이 가설에 대한 검정을 위하여 관련성이 높은 브랜드명과 낮은 브랜드명의 2가지 유형의 브랜드명을 피험자 집단별로 다르게 제시하고 이 독립 변수에 대한 소비자 브랜드 반응을 측정하였다. 종속 변수는 브랜드에 대한 소비자 반응(브랜드 이미지, 브랜드 태도, 품질 평가, 구매 의도)으로 이 각각의 종속 변수 구성 항목에 대한 평균값과 편차를 구하고 일원 분산분석(one-way ANOVA)을 실시하였다. 분석 결과는 다음의 표에 제시되었다.

<표 29> 브랜드명의 관련성에 따른 소비자 브랜드 반응 평균 및 표준 편차

종속변수 구성항목	관련성	사례수	평균	표준편차
브랜드 이미지	관련성이 높은 브랜드명	300	16.7467	4.0584
	관련성이 낮은 브랜드명	307	14.8762	3.9784
	전체	607	15.8007	4.1225
브랜드 태도	관련성이 높은 브랜드명	300	28.6400	6.9087
	관련성이 낮은 브랜드명	307	24.9316	6.8627
	전체	607	26.7644	7.1256
품질 평가	관련성이 높은 브랜드명	300	4.0533	1.1231
	관련성이 낮은 브랜드명	307	3.6873	1.1490
	전체	607	3.8682	1.1500
구매 의도	관련성이 높은 브랜드명	300	3.9167	1.1837
	관련성이 낮은 브랜드명	307	3.5179	1.2817
	전체	607	3.7150	1.2492

<표 30> 브랜드명의 관련성에 따른 소비자 브랜드 반응의 일원
분산분석

종속 변수 구성 항목		Sum of Squares	df	Mean Square	F	p-값
브랜드 이미지	Between Groups	530.837	1	530.837	32.878	.000
	Within Groups	9768.043	605	16.146		
	Total	10298.880	606			
브랜드 태도	Between Groups	2086.628	1	2086.628	44.013	.000
	Within Groups	28682.684	605	47.409		
	Total	30769.311	606			
품질 평가	Between Groups	20.329	1	20.329	15.745	.000
	Within Groups	781.127	605	1.291		
	Total	801.456	606			
구매 의도	Between Groups	24.125	1	24.125	15.838	.000
	Within Groups	921.568	605	1.523		
	Total	945.694	606			

　　브랜드명의 관련성이 높은 경우와 낮은 경우에 소비자의 브랜드
반응인 브랜드 이미지의 평균값(관련성이 높은 브랜드명=16.7467,
관련성이 낮은 브랜드명=14.8762), 브랜드 태도의 평균값(관련성
이 높은 브랜드명=28.6400, 관련성이 낮은 브랜드명=24.9316), 브
랜드 제품 품질 평가의 평균값(관련성이 높은 브랜드명=4.0533,

관련성이 낮은 브랜드명=3.6873), 해당 브랜드 제품 구매 의도의 평균값(관련성이 높은 브랜드명=3.9167, 관련성이 낮은 브랜드명=3.5179)에서 관련성이 높은 브랜드명에 대하여 소비자는 우호적으로 반응하는 것으로 나타났다. 이 반응의 집단간 유의성을 검증하기 위한 일원 분산분석 결과 브랜드명의 관련성 정도에 따라 소비자의 브랜드에 대한 반응 변수인 브랜드 이미지($F=32.878$, $p<0.00$), 브랜드 태도($F=44.013$, $p<0.00$), 품질 평가($F=15.745$, $p<0.00$), 구매 의도($F=15.838$, $p<0.00$)에서 모두 유의적 반응 차이가 있는 것으로 나타났다(유의수준 $p<0.05$). 이에 따라 가설 1은 채택되었다. 이것은 브랜드명이 해당 제품의 속성에 대한 관련성이 높은 경우에 소비자는 해당 브랜드에 관련된 기억 구조를 활성화시키므로 긍정적인 브랜드 반응을 한다는 것을 의미한다(Childers and Houston, 1984, Keller, Heckler and Houston, 1998). 즉 브랜드명이 제품 속성과 관련성이 있거나 높은 경우에는 없거나 낮은 경우보다 해당 브랜드명에 대한 정보를 처리하는데 노력이 덜 필요하게 되어 소비자는 쉽게 인지하고 이것이 기존의 연상 네트워크에 강하게 연결된다(Heckler and Childers, 1992). 반면에 관련성이 낮은 브랜드명에 대해서는 소비자는 이것을 처리한 연상 네트워크를 형성하기가 어렵거나 비록 형성하였다고 하더라고 이 연결 고리가 약하여 정보를 처리하는데 어려움을 겪게 되어 관련성이 높은 경우보다 비우호적인 태도를 취하게 된다. 또한 관련성이 낮은 브랜드명에 대해서는 해당 정보 처리에 거의 노력을 기울이지 않게 되므로 중립적이거나 비우호적인 반응이 나타날 수도 있다. 이것은 광고에서 광고에 대한 태도는 광고가 유용한 정보를 전달하느냐에 따라 소비자 태도는 달라지는데 이 유용한 정보가 관련성의

차원에서 이해될 수 있는 것으로서 관련성이 낮은 경우가 높은 경우보다 비우호적인 광고 태도로 나타난다는 것과 같은 원리이다(Lee and Mason, 1999).

2. 가설 2의 검증

브랜드에 대한 소비자 반응은 브랜드명의 관련성에 따라 다르게 나타나는데, 소비자의 제품 지식 수준이 그 영향 정도와 방향을 다르게 나타나게 할 것이라는 판단하에 다음과 같은 가설을 설정하였다.

가설 2. 브랜드명의 제품 속성 관련성에 대한 소비자의 브랜드 반응은 소비자의 제품 지식 수준(초보자, 중간자, 전문가)에 따라 다르게 나타날 것이다.

가설 2a. 초보자는 제품 속성 관련성이 높은 브랜드명에 대하여 중간자보다 긍정적인 브랜드 반응을 보일 것이다.

가설 2b. 전문가는 제품 속성 관련성이 높은 브랜드명에 대하여 중간자보다 긍정적인 브랜드 반응을 보일 것이다.

가설 2c. 중간자는 제품 속성 관련성이 낮은 브랜드명에 대하여 초보자보다 긍정적인 브랜드 반응을 보일 것이다.

가설 2d. 중간자는 제품 속성 관련성이 낮은 브랜드명에 대하여 전문가보다 긍정적인 브랜드 반응을 보일 것이다.

　이 가설에 대한 검정을 위하여 관련성이 높은 브랜드명과 낮은 브랜드명의 2가지 유형의 브랜드명을 피험자들에 다르게 제시하고 이 독립 변수에 대한 브랜드 반응을 피험자의 제품 지식 수준별로 나누어서 측정하였다. 종속 변수는 브랜드에 대한 소비자 반응(브랜드 이미지 반응, 브랜드 태도, 품질 평가, 구매 의도)으로 이 각각의 종속 변수 구성 항목에 대한 평균값을 소비자 제품 지식 수준별로 구하고 이원 분산분석(two-way ANOVA)을 실시하였다. 분석 결과는 다음의 표에 제시되었다.

<표 31> 브랜드명 관련성과 제품 지식 수준에 따른 브랜드 반응의 각 집단 평균

종속 변수 구성 항목	관련성	제품지식 고	제품지식 중	제품지식 저	전체
브랜드 이미지	관련성이 높은 브랜드명	17.0385	16.1810	17.0659	16.7467
	관련성이 낮은 브랜드명	14.8812	14.8333	14.9052	14.8762
	부분 전체	15.9756	15.5590	15.8551	15.8007
브랜드 태도	관련성이 높은 브랜드명	29.1346	27.8667	28.9670	28.6400
	관련성이 낮은 브랜드명	24.8614	25.0444	24.9052	24.9316
	부분 전체	27.0293	26.5641	26.6908	26.7644
품질 평가	관련성이 높은 브랜드명	4.0000	4.0000	4.1758	4.0533
	관련성이 낮은 브랜드명	3.6634	3.8222	3.6034	3.6873
	부분 전체	3.8341		3.8551	3.8682
구매 의도	관련성이 높은 브랜드명	3.8558	3.9048	4.0000	3.9167
	관련성이 낮은 브랜드명	3.5149	3.6556	3.4138	3.5179
	부분 전체	3.6878	3.7897	3.6715	3.7150

이에 따라 브랜드명과 소비자 제품 지식이라는 변수를 기준으로 하여 이원 분산분석(two-way ANOVA)을 실시하였다.

<표 32> 브랜드명 관련성과 제품 지식 수준에 따른 브랜드 반응의 이원 분산분석

Source		종속변수 구성항목	Sum of Squares	df	Mean Square	F	p-값
Main Effects	관련성	이미지	537.134	1	537.134	33.225	.000
		태도	2083.058	1	2083.058	43.799	.000
		품질평가	19.764	1	19.764	15.294	.000
		구매의도	23.155	1	23.155	15.166	.000
	제품지식	이미지	28.566	2	14.283	.883	.414
		태도	34.808	2	17.404	.366	.694
		품질평가	.679	2	.340	.263	.769
		구매의도	.977	2	.489	.320	.726
Interaction		이미지	21.645	2	10.823	.669	.512
		태도	60.668	2	30.334	.638	.529
		품질평가	3.933	2	1.966	1.522	.219
		구매의도	3.044	2	1.522	.997	.370
Model		이미지	582.836	5	116.567	7.210	.000
		태도	2186.323	5	437.265	9.194	.000
		품질평가	24.801	5	4.960	3.838	.002
		구매의도	28.122	5	5.624	3.684	.003
Residual		이미지	9716.044	601	16.166		
		태도	28582.988	601	47.559		
		품질평가	776.655	601	1.292		
		구매의도	917.572	601	1.527		
Total		이미지	10298.880				
		태도	30769.311				
		품질평가	801.456				
		구매의도	945.694				

이원 분산분석(two-way ANOVA) 결과 브랜드에 대한 소비자 반응은 제품 지식 수준(초보자, 중간자, 전문가)에 따라 유의수준

p<0.05하에서 유의적인 차이가 존재하지 않는 것으로 나타났다 (브랜드 이미지-F=0.883, p>0.05, 브랜드 태도-F=0.366, p>0.05, 품질 평가-F=0.263, p>0.05, 구매 의도-F=0.320, p>0.05). 그리고 브랜드명의 관련성과 소비자의 제품 지식 간에는 상호작용 효과가 존재하지 않는 것으로 나타났다(브랜드 이미지-F=0.669, p>0.05, 브랜드 태도-F=0.638, p>0.05, 품질 평가-F=1.522, p>0.05, 구매 의도-F=0.997). 이에 따라서 가설 2와 이에 따른 하위 가설인 2a, 2b, 2c, 2d는 모두 기각되었다. 이것은 기존에 소비자 제품 지식 수준에 따라 제품 평가에 이용하는 단서가 달라진다는 연구(Park and Lessig, 1981)와 상반되는 결과이다. 기존 연구에 의하면 소비자 지식 수준이 높은 전문가나 낮은 초보자인 경우에는 브랜드 단서를 중심으로 평가를 하고 중간자인 경우에는 제품 속성 정보를 주요 단서로 하여 제품을 평가한다고 한다. 본 연구 결과가 이와 상반되게 나온 이유를 추측해 보면 다음과 같다. 첫째, 본 실험에서 사용한 브랜드명이 기존에 소비자들이 알고 있는 브랜드명이 아닌 새로이 개발한 브랜드명이어서 피험자 모두 초보자의 관점에서 브랜드명을 주요 평가 단서로 활용했을 것이라 판단된다. 왜냐하면 초보자, 중간자, 전문가 모두 관련성이 높은 브랜드명에 대하여 우호적으로 평가했기 때문이다. 둘째로 본 실험에서 제품 지식을 측정한 퀵서비스와 컴퓨터스피커 제품에 대한 피험자 지식의 정도 차이가 유의적으로 나타나지 않았을 가능성이 있다. 소비자행동 연구에서 피험자들 사이에 해당 자극에 대한 유의적인 차이가 나타나지 않는 이유는 주로 피험자들 사이의 나타날 수 있는 천정 효과(ceiling effect)나 바닥 효과(base-ment effect)에 기인하는 경우가 많다. 본 연구에서는 연구 설계상 브

랜드명에 의한 브랜딩 효과를 보다 정확하게 측정하기 위하여 해당 제품에 유명한 브랜드가 없는 제품을 대상으로 하기 위하여 퀵서비스와 컴퓨터스피커를 선정하였다. 사후적으로 피험자의 제품 지식 측정 항목에 대하여 일부 피험자를 대상으로 사후에 응답자 면접을 실시하고 자유 기술한 것 중에서 제품에 관련된 내용을 분석한 결과 대부분이 해당 제품에 대하여 낮은 수준의 지식을 보유하고 있는 것으로 조사되었다. 그 이유로는 제품에 대한 사후 면접과 자유 기술한 것 중에 자신이 컴퓨터스피커에 대하여 너무 모르고 있었다는 것과 퀵서비스에 대한 지식 문항이 처음 보는 매우 흥미로운 내용이었다는 응답이 많았기 때문이다. 따라서 본 실험에서는 해당 제품에 대한 소비자 지식이 너무 낮아 이로 인한 바닥 효과(basement effect)가 나타나서 제품 지식에 따른 브랜드 반응이 다르게 나타나지 않은 것으로 사려된다. 따라서 향후에 소비자 집단간에 제품 지식 수준이 유의적으로 차이가 나면서 해당 제품군에 유명한 브랜드가 없는 제품을 대상으로 연구를 하면 보다 가치 있는 연구 결과를 얻을 수 있을 것이다.

3. 가설 3의 검증

가설 3은 브랜드명에 따른 심볼의 기대 정도에 따라 소비자 브랜드 반응이 다르게 나타날 것이다이다. 이를 분석하기 위해 기대 정도를 독립 변수로 한 일원 분산분석(one-way ANOVA)을 실시하였다.

가설 3. 브랜드에 대한 소비자 반응은 브랜드명에 따른 브랜드 심볼의 기대 정도에 따라 다르게 나타날 것이다.

<표 33> 심볼 기대에 따른 브랜드 반응에 대한 각 집단 평균 및 표준편차

종속변수	기대	사례수	평균	표준편차
로고 반응	기대가 높은 심볼	206	22.8592	5.7573
	기대인 중간인 심볼	200	24.5650	5.7280
	기대가 낮은 심볼	201	22.2985	5.6205
	전체	607	23.2356	5.7737
이미지 반응	기대가 높은 심볼	206	15.6214	4.2025
	기대인 중간인 심볼	200	16.7750	4.1194
	기대가 낮은 심볼	201	15.0149	3.8607
	전체	607	15.8007	4.1225
브랜드 태도	기대가 높은 심볼	206	26.6650	7.4342
	기대인 중간인 심볼	200	28.3350	6.9545
	기대가 낮은 심볼	201	25.3035	6.6673
	전체	607	26.7644	7.1256
품질 평가	기대가 높은 심볼	206	3.8058	1.2021
	기대인 중간인 심볼	200	4.0950	1.0685
	기대가 낮은 심볼	201	3.7065	1.1439
	전체	607	3.8682	1.1500
구매 의도	기대가 높은 심볼	206	3.7718	1.2846
	기대인 중간인 심볼	200	3.9250	1.1817
	기대가 낮은 심볼	201	3.4478	1.2363
	전체	607	3.7150	1.2492

<표 34> 심볼 기대에 따른 브랜드 반응의 일원 분산분석

종속변수	집단구분	Sum of Squares	df	Mean Square	F	p-값
로고반응	Between Groups	559.149	2	279.575	8.597	.000
	Within Groups	19642.162	604	32.520		
	Total	20201.311	606			
브랜드 이미지	Between Groups	320.583	2	160.292	9.703	.000
	Within Groups	9978.296	604	16.520		
	Total	10298.880	606			
브랜드태도	Between Groups	924.380	2	462.190	9.354	.000
	Within Groups	29844.931	604	49.412		
	Total	30769.311	606			
품질평가	Between Groups	16.347	2	8.173	6.288	.002
	Within Groups	785.110	604	1.300		
	Total	801.456	606			
구매의도	Between Groups	23.840	2	11.920	7.810	.000
	Within Groups	921.853	604	1.526		
	Total	945.694	606			

일원 분산분석(one-way ANOVA) 결과 브랜드명에 따른 브랜드 심볼 기대 정도에 따라 소비자 브랜드 반응이 집단간에 유의적인

차이가 있는 것으로 나타났다. 이에 따라 가설 3은 채택되었다. 이것은 기존의 스키마 일치성과 기대에 대한 연구에서 주장하는 바와 같이 소비자는 일치성 및 기대 정도 차이에 따라 다르게 반응한다는 것을 지지해 주는 연구 결과이다(Mandler, 1982, Meyers-Levy and Tybout, 1989, Heckler and Childers, 1992, Lee and Mason, 1999).

가설 3a, 3b, 3c를 증명하기 위하여 사후 검정으로 3가지 기대 정도에 따른 각 집단간의 소비자 반응에 유의적인 차이가 있는지를 분석하였다. 우선 사후 쌍별 비교를 하기 위한 검정통계량을 선택하기에 앞서서 각 실험요소그룹의 분산구조가 같다는 것을 검증하는 등분산성 검증을 실시하였다. 등분산성 검증을 실시한 이유는 등분산성 성립 여부에 따라 적용할 수 있는 사후 분석 방법이 달라지기 때문이다. 등분산성 검증은 Levene's Test를 이용하였다.

<표 35> 기대에 따른 집단간의 등분산성 검증을 위한
LEVENE' S TEST

Test of Homogeneity of Variances				
	Levene Statistic	df 1	df 2	p-값
브랜드 로고	.158	2	604	.853
브랜드 이미지	.724	2	604	.485
브랜드 태도	1.658	2	604	.191
품질 평가	4.605	2	604	.010
구매 의도	3.267	2	604	.039

유의수준 $p<0.05$에서 각 종속변수에 대한 등분산성을 검증한 결과 브랜드 로고(p-값=0.853), 브랜드 이미지(p-값=0.485), 브랜드 태도(p-값=0.191)에서는 등분산성이 성립되어 각 실험집단이 이들 종속 변수에 대하여 동일한 분산 분포를 나타내고 있는 것으로 밝혀졌다. 하지만 유의수준 $p<0.05$에서 품질 평가, 구매 의도라는 종속변수 구성 항목에 대해서는 등분산성이 성립되지 않았다. 이에 따라 사후 검정 방법으로 종속 변수 구성 항목인 브랜드 로고, 브랜드 이미지, 브랜드 태도에 대해서는 등분산성이 성립되는 경우에 일반적으로 적용되는 분석 방법인 Scheffe 검정 방법에 의한 사후 분석을 실시하였고 등분산성이 성립되지 않는 품질 평가(p-값=0.010), 구매 의도(p-값=0.039)에 대해서는 등분산성이 위반되는 경우에 사회과학 연구에서 일반적으로 적용되는 Games-Howell 방법에 의한 사후 쌍별분석을 하였다.

가설 3a. 브랜드에 대한 소비자 반응은 브랜드명에 따른 브랜드 심볼의 기대가 낮은 경우보다 높은 경우에 긍정적으로 나타날 것이다.

우선 가설 3a로서 심볼의 기대가 높은 집단과 낮은 집단을 대상으로 하여 소비자 브랜드 반응을 사후 분석하였다.

<표 36> 심볼 기대가 높은 집단과 낮은 집단간의 쌍별 사후비교

종속변수	기대 비교	평균차이	Std. Error	p-값
브랜드 로고	기대 고 - 기대 저	0.5607	.5654	.612
브랜드 이미지		0.6064	.4030	.323
브랜드 태도		1.3616	.6969	.149
품질 평가		0.0994	.1130	.669
구매 의도		0.3241	.1225	.026

분석결과 심볼의 기대가 높은 집단과 낮은 집단의 경우에서는 소비자 브랜드 반응 중에서 브랜드 로고 반응(p>0.05), 브랜드 이미지 반응(p>0.05), 브랜드 태도 반응(p>0.05), 품질 평가(p>0.05)에서 두 집단간에 차이가 유의적인 것으로 나타나지 않았다. 하지만 구매 의도에 있어서는 유의수준 p<0.05하에서 기대가 높은 경우와 낮은 경우에 집단간에 유의적인 반응 차이가 나타났다. 이에 따라서 가설 3a는 전체적으로는 기각되었지만 구매 의도라는 반응에서는 가설 3a가 지지된 것으로 나타나 가설 3a는 부분 지지되었다.

가설 3b. 브랜드에 대한 소비자 반응은 브랜드명에 따른 브랜드 심볼의 기대가 낮은 경우보다 중간인 경우에 긍정적으로 나타날 것이다.

다음으로 가설 3b인 브랜드 심볼의 기대가 중간인 집단과 낮은 집단을 대상으로 하여 소비자 브랜드 반응을 사후 분석하였다.

<표 37> 심볼 기대가 중간인 집단과 낮은 집단간의 쌍별 사후비교

종속변수	기대 비교	평균차이	Std. Error	p-값.
브랜드 로고		2.2665	.5696	.000
브랜드 이미지	기대 중	1.7601	.4059	.000
브랜드 태도	-	3.0315	.7021	.000
품질 평가	기대 저	0.3885	.1139	.001
구매 의도		0.4772	.1234	.000

가설 3b에 대한 사후 쌍별분석 결과 기대가 중간이 집단과 낮은 집단간에 소비자 브랜드 반응(브랜드 로고, 브랜드 이미지, 브랜드 태도, 품질 평가, 구매 의도)을 구성하는 모든 항목에 대하여 유의수준 $p<0.05$하에서 통계적으로 유의적인 차이가 있는 것으로 나타나 가설 3b는 지지되었다.

가설 3c. 브랜드에 대한 소비자 반응은 브랜드명에 따른 브랜드 심볼의 기대가 높은 경우보다 중간인 경우에 긍정적으로 나타날 것이다.

가설 3c에 대한 가설을 검증하기 위해 심볼 기대가 중간인 집단과 높은 집단을 대상으로 하여 쌍별 사후비교 분석을 실시하였다.

<표 38> 심볼 기대가 중간인 집단과 높은 집단간의 쌍별 사후 비교

종속변수	기대 비교	평균차이	Std. Error	p-값
브랜드 로고		1.7058	.5661	.011
브랜드 이미지	기대 중	1.1536	.4035	.017
브랜드 태도	-	1.6700	.6978	.058
품질 평가	기대 고	0.2892	.1132	.028
구매 의도		0.1532	.1226	.423

분석 결과 유의수준 $p<0.05$하에서 브랜드 심볼의 기대가 중간인 집단과 높은 집단간에 소비자 브랜드 반응 구성 항목 중에서 브랜드 로고 반응(p-값=0.011), 브랜드 이미지 반응(p-값=0.017), 품질 평가 반응(p-값=0.028)이라는 항목에서 유의적인 차이가 있는 것으로 나타났다. 그리고 유의 수준 $p<0.1$에서는 브랜드 태도 반응 항목에서도 유의적인 반응 차이(p-값=0.058)가 있는 것으로 나타났다. 이에 따라 가설 3c는 전체적으로는 지지되었지만 구매 의도라는 항목은 유의수준 $p<0.05$와 $p<0.1$하 모두에서 기각되었다. 이에 따라서 가설 3c는 부분 지지되었다.

가설 3과 이에 따른 하위 가설 3a, 3b, 3c에 대한 연구 결과를 요약하면 심볼 기대에 따른 소비자 브랜드 반응은 기대가 높은 경우부터, 중간인 경우, 낮은 경우에 걸쳐 역의 J자 형태의 반응을 보인다고 할 수 있다. 이것은 기대에 부합하는 정도가 중간인 경우에 가장 긍정적으로 반응하고 그 다음으로 기대에 부합하는 정도가 높은 경우에 긍정적으로 반응하며 기대에 부합하는 정도가 낮은 경우에 가장 비긍정적으로 반응한다는 것을 의미한다. 이 연구 결과는 스키마 (불)일치성 이론과 이에 대한 실증 연구와 같은 결과를 제시하고 있다(Mandler, 1982, Meyers-Levy and Tybout, 1989). 맨들러(Mandler, 1982)의 스키마 (불)일치성 이론에 의하면 소비자는 자신이 가지고 있는 환경에 대한 기대 유형이라고 할 수 있는 스키마와 적당히 불일치 하는 정보 자극에 노출되었을 때 일치하는 경우보다 긍정적인 태도 반응을 보인다고 한다. 왜냐하면 소비자는 자신의 스키마와 제시된 정보 자극이 불일치 하는 경우에는 이 불일치는 해결하기 위하여 동기부여가 되고 이에 따라 각성이 이루어진다. 그리고 이러한 적당한 불일치는 해결하는 과정에서 소비자는 긴장을 하게 되고 정교한 정보처리가 이루어진다. 소비자는 이러한 불일치를 자신의 스키마 구조를 부분적으로 확장하거나 보완하는 과정을 통하여 해할 수 있는데, 이 과정에서 소비자는 즐거움을 느끼고 이전 보다 강하고 긍정적인 태도를 보인다. 하지만 기존의 스키마와 극단적으로 불일치 하는 정보 자극이 투여되었을 경우에 소비자는 자신의 스키마를 부분적으로 보완하거나 확장하는 방법으로는 이 불일치는 해결하지 못한다. 이 과정에서 소비자의 정보처리는 정교화되어 소비자의 기억 반응은 증가할 수 있지만 태도는 부정적으로 나타나게 된다. 왜냐하면 소비자는 기존의 스키마와 극단적으로 불일치 하는 정보를 처리하기 위해서는 자신의 인지 구조를 상당 부분 이상 바꾸어야 하는데 이것은 소비자에게 너무 힘든 과업이 되기 때문에 인지 구조를 변형시키기 보다는 스키마와 극단적으로 불일치 하는 정보에 대하여 비우호적인 태도를 취해 버린다. 한편 기존 스키마와 일치하는 정보에 대한 소비자 태도가 극단적인 스키마 불일치 정보에 비해서는 긍정적이고 중간 정도 불일치 하는 정보에 비해서는 덜 긍정적으로 나타나는 이유는 친숙성 때문이다. 소비자는 스키마와 일치하는 정보에 대하여서는 친숙성을 느끼지만 이 정보를 처리하는데 인지적인 노력이나 정교한 처리를 하지 않으므로 재미나 흥미로움을 느끼지 못하므로 약한 감정 반응을 하게 되고 이 반응은 대부분 낮은 기억 반응과 중간적인 태도 반응으로 나타난다. 그리고 스키마와 극단적으로 불일치 하는 정보에 비하여서는 친숙하기 때문에 긍정적으로 반응하게 된다. 하지만 기대에 관련된 연구들에서는 이와는 다른 견해를 제시하고 있다(Heckler and Childers, 1992, Lee and Mason, 1999). 기대에 관한 연구에서는 기대가 낮은 경우가 높은 경우보다 소비자의 기억 반응은 증가하고 감정 반응도 긍정적으로 나타날 수 있다는 것이다. 하지만 본 연구 결과는 기대에 관련된 기존 연구와 상충되는 것으로 나타났다. 이러한 상충되는 결과는 다음과 같은 설명으로 해결될 수 있을 것이다. 기존의 기대에 관한 연구가 기대에 따른 소비자의 기억 반응에 초점을 맞추었는데, 기대가 낮은 즉, 소비자가 기대하지 않았던 정보 자극에 노출되는 경우에 기억 반응은 증가한다. 그 이유는 소비자가 기대에 어긋나는 정보 자극에 노출되었을 때는 이 예상하지 못한 정보를 처리하기 위하여 바로 동기부여가 되고 정교한 정보처리를 하기 때문이다(Heckler and Childers, 1992). 하지만 정교한 정보처리를 하여도 기대하지 않은 정보 자극의 불일치가 해결되지 않는 경우에는 비록 기억 반응은 증가하더라도 태도 반응은 부정적으로 나타날 수 있다(Lee and Mason, 1999). 이것은 기존의 광고 연구에서 소비자의 기억 반응과 설득과 같은 태도 반응 사이의 상관관계가 거의 없다는 주장과 일맥상통한다(Fiske and Taylor, 1984). 다음으로 기대에 대한 기존 연구는 기대를 기대했던 경우와 기대하지 않았던 경우와 같이 이분법적으로 구분하여 연구하였다(Heckler and Childers, 1992, Lee and Mason, 1999). 하지만 이러한 기대의 정도가 보다 다양한 차원으로 존재할 수 있다. 이것을 스키마 불일치성 이론에 따라 설명하면 극단적으로 기대했던 경우, 중간 정도로 기대했던 경우(중간 정도로 기대하지 않았던 경우), 극단적으로 기대하지 않았던 경우와 같이 구분이 될 수 있다. 그런데 기존 연구는 이러한 기대를 극단적으로 기대했던 경우를 기대했던 경우로, 중간 정도로 기대했던 경우를 기대하지 않았던 경우로 나누어서 연구가 이루어졌을 수 있다. 이런 경우에 연구 결과는 스키마 일치성과 기대 모두 동일한 결과가 나타난다. 하지만 기대에 대한 기존 연구에서는 스키마 불일치성이 높은 경우라 할 수 있는 극단적으로 기대하지 않았던 경우에 대한 고려가 이루어지지 않았다. 따라서 기대 정도에 따른 소비자 감정 및 행동 반응은 기존의 반비례하는 직선형 관계가 아닌 역의 J자형 관계가 존재할 수 있다는 것이다.

4. 가설 4의 검증

가설 4는 다음과 같이 설정되었다.

가설 4. 브랜드명에 따른 브랜드 심볼 기대에 대한 소비자 브랜드 반응은 소비자의 제품 지식 수준(초보자, 중간자, 전문가)에 따라 다르게 나타날 것이다.

가설 4를 검증하기 위한 브랜드 심볼의 기대(기대가 높은 경우,

기대가 중간인 경우, 기대가 낮은 경우)와 소비자의 제품 지식 수준(초보자, 중간자, 전문가)에 따라 나타나는 소비자 브랜드 반응(브랜드 로고, 브랜드 이미지, 브랜드 태도, 품질 평가, 구매 의도)의 집단간 평균과 전체 평균을 제시하면 다음과 같다.

〈표 39〉 심볼 기대와 제품 지식에 따른 집단간 브랜드 반응의 평균

종속변수	제품 지식	기대 고	기대 중	기대 저	전체
브랜드 로고	제품지식 고	22.8696	24.4156	23.2542	23.5610
	제품지식 중	22.3944	24.4156	22.0149	22.8718
	제품지식 저	23.3485	24.8182	21.8000	23.2560
	부분 전체	22.8592	24.5650	22.2985	23.2356
브랜드 이미지	제품지식 고	15.5652	16.4416	15.8475	15.9756
	제품지식 중	15.5070	16.7193	14.6269	15.5590
	제품지식 저	15.8030	17.2121	14.7067	15.8551
	부분 전체	15.6214	16.7750	15.0149	15.8007
브랜드 태도	제품지식 고	25.7971	27.9221	27.3051	27.0293
	제품지식 중	26.5352	28.1754	25.2239	26.5641
	제품지식 저	27.7121	28.9545	23.8000	26.6908
	부분 전체	26.6650	28.3350	25.3035	26.7644
품질 평가	제품지식 고	3.6812	3.9091	3.9153	3.8341
	제품지식 중	3.7324	4.2281	3.8507	3.9179
	제품지식 저	4.0152	4.1970	3.4133	3.8551
	부분 전체	3.8058	4.0950	3.7065	3.8682
구매 의도	제품지식 고	3.5507	3.8571	3.6271	3.6878
	제품지식 중	3.7606	4.1404	3.5224	3.7897
	제품지식 저	4.0152	3.8182	3.2400	3.6715
	부분 전체	3.7718	3.9250	3.4478	3.7150

　　가설 4를 분석하기 위해 브랜드 심볼의 기대와 소비자 제품 지식에 따른 소비자 브랜드 반응에 대하여 이원 분산분석(two-way ANOVA)을 실시하였다.

<표 40> 심볼 기대와 제품 지식에 따른 소비자 브랜드 반응의 이원 분산분석

Source		종속변수 구성항목	Sum of Squares	df	Mean Square	F	p-값
Main Effects	기대	로고	531.375	2	265.687	8.137	.000
		이미지	308.456	2	154.228	9.320	.000
		태도	843.037	2	421.518	8.611	.000
		품질평가	16.262	2	8.131	6.348	.002
		구매의도	23.158	2	11.579	7.648	.001
	제품지식	로고	30.996	2	15.498	.475	.622
		이미지	12.928	2	6.464	.391	.677
		태도	13.062	2	6.531	.133	.875
		품질평가	1.040	2	.520	.406	.666
		구매의도	2.002	2	1.001	.661	.517
Interaction		로고	87.787	4	21.947	.672	.612
		이미지	72.232	4	18.058	1.091	.360
		태도	565.444	4	141.361	2.888	.022
		품질평가	17.808	4	4.452	3.476	.008
		구매의도	14.463	4	3.616	2.388	.050
Model		로고	674.641	8	84.330	2.583	.009
		이미지	403.366	8	50.421	3.047	.002
		태도	1496.168	8	187.021	3.821	.000
		품질평가	35.462	8	4.433	3.461	.001
		구매의도	40.390	8	5.049	3.335	.001

Source		종속변수 구성항목	Sum of Squares	df	Mean Square	F	p-값
Residual		로고	19526.670	598	32.653		
		이미지	9895.514	598	16.548		
		태도	29273.144	598	48.952		
		품질평가	765.994	598	1.281		
		구매의도	905.304	598	1.514		
Total		로고	20201.311				
		이미지	10298.880				
		태도	30769.311				
		품질평가	801.456				
		구매의도	945.694				

이원 분산분석(two-way ANOVA) 결과 소비자 브랜드 반응은 제품 지식 수준(초보자, 중간자, 전문가)에 따라 유의수준 $p<0.05$ 하에서 유의적인 차이가 나타나지 않는 것으로 밝혀졌다(브랜드 로고-F=0.475, $p>0.05$, 브랜드 이미지-F=0.391, $p>0.05$, 브랜드 태도-F=0.133, $p>0.05$, 품질 평가-F=0.406, $p>0.05$, 구매 의도-F=0.661, $p>0.05$). 이에 따라서 가설 4는 기각되었다.

다음으로 브랜드 심볼의 기대와 소비자의 제품 지식 간에 상호작용 효과가 나타나는 지를 분석한 결과 소비자 브랜드 반응인 브랜드 로고 반응, 브랜드 이미지 반응, 구매 의도 반응에서는 상호작용 효과가 나타나지 않았다(브랜드 로고-F= 0.672, $p>0.05$, 브랜드 이미지-F=0. 1.091, $p>0.05$, 구매 의도-F=2.388, p-값>0.05). 하지만 브랜드 태도, 품질 평가 반응에서는 상호작용 효과가 유의수준 $p<0.05$하에서 나타났다(브랜드 태도-F= 2.888, p-값=0.022, 품질 평가-F= 3.476, p=0.008). 이에 따라 소비자 브랜드 반응 중에서 상호

작용 효과가 나타난 브랜드 태도, 품질 평가 반응에 대하여 사후
분석을 실시하였다. 사후분석을 실시하기에 앞서서 실험 집단간의
등분산성 검증을 실시하였다. 이것은 각 실험 집단간에 등분산성
이 성립여부에 따라 사후 분석 방법이 결정되기 때문이다. 이에
따라 등분산성 검증으로 Levene's Test를 이용하였다.

<표 41> 기대와 지식 수준에 따른 실험 집단간의 등분산성
검증을 위한 LEVENE' S TEST

Test of Homogeneity of Variances			
	Levene Statistic	df1	df2	p-값
브랜드 로고	.689	8	598	.701
브랜드 이미지	.756	8	598	.642
브랜드 태도	2.038	8	598	.040
품질 평가	2.094	8	598	.034
구매 의도	1.378	8	598	.203

　등분산성 검증을 유의수준 $p<0.05$에서 실시한 결과 브랜드 태
도(p-값=0.040), 품질 평가(p-값=0.034)에서는 등분산성이 성립되
지 않는 것으로 나타났다. 이에 따른 사후 분석 방법으로 브랜드
태도와 품질 평가에서는 등분산성이 위반되었을 때 사회과학 연
구에서 주로 적용되는 Games-Howell 방법을 이용하였다(이영준,
2000). 우선 가설 4a에 대한 검증으로 브랜드 심볼의 기대가 중
간인 경우를 대상으로 하여 초보자 집단과 중간자 집단간의 소비
자 반응 차이를 사후 분석하였다.

가설 4a. 초보자는 브랜드 심볼 기대가 중간인 경우에 중간자
보다 긍정적인 브랜드 반응을 보일 것이다.

분석 대상이 된 소비자의 반응 변수를 $p<0.05$수준에서 유의적
인 상호작용이 있는 것으로 나타난 브랜드 태도, 품질 평가이었
다. 사후 분석방법으로는 Games-Howell 검정에 의한 분석방법을
사용하였으며 분석결과는 다음과 같다.

<표 42> 기대가 중간인 경우의 초보자 집단과 중간자 집단간
의 쌍별 사후비교

종속변수	제품지식	평균차이	Std. Error	p-값
브랜드 태도	초보자-중간자	0.7791	1.2651	.999
품질 평가		-0.0311	.2046	1.000

사후 분석결과 초보자와 중간자라는 소비자의 제품 지식 집단
차이가 브랜드 심볼의 기대에 따른 브랜드 태도, 품질 평가라는
종속 변수 항목에 유의수준 $p<0.05$하에서 유의적인 반응 차이를
보이지 않았다(브랜드 태도의 p-값>0.05, 품질 평가의 p-값>0.05).
따라서 가설 4a는 기각되었다.

가설 4b. 전문가는 브랜드 심볼 기대가 중간인 경우에 중간자
보다 긍정적인 브랜드 반응을 보일 것이다.

다음은 가설 4b로서 이것은 브랜드 심볼의 기대가 중간인 경우

에 전문가 집단과 중간자 집단간에 브랜드에 대한 반응은 다르게 나타날 것이다이다. 이에 대하 분석으로 브랜드 심볼의 기대가 중간인 경우를 대상으로 하여 전문가 집단과 중간자 집단을 대상으로 하여 Games-Howell 검증에 의한 쌍별 사후비교 분석을 실시하였다.

<표 43> 기대가 중간인 경우의 전문가 집단과 중간자 집단간의 쌍별 사후비교

종속변수	제품지식	평균차이	Std. Error	p-값
브랜드 태도	전문가-중간자	-0.2534	1.2225	1.000
품질 평가		-0.3190	.1978	.609

사후 분석결과 전문가와 중간자라는 소비자의 제품 지식 집단 차이가 브랜드 심볼의 기대에 따른 브랜드 태도, 품질 평가라는 종속 변수 항목에 유의수준 $p < 0.05$하에서 유의적인 반응 차이를 보이지 않았다(브랜드 태도의 p-값>0.05, 품질 평가의 p-값>0.05). 따라서 가설 4b도 기각되었다.

> 가설 4c. 중간자는 브랜드 심볼 기대가 낮은 경우에 초보자보다 긍정적인 브랜드 반응을 보일 것이다.

다음은 가설 4c로서 이것은 브랜드 심볼의 기대가 낮은 경우에 중간자 집단과 초보자 집단간에 브랜드에 대한 반응은 다르게 나타날 것이다이다. 이에 대하 분석으로 브랜드 심볼의 기대가 낮은 경우를 대상으로 하여 중간자 집단과 초보자 집단간의 브랜드 반응을 Games-Howell 검증에 의한 쌍별 사후비교 분석을 실시하였다.

<표 44> 기대가 낮은 경우의 중간자 집단과 초보자 집단간의
쌍별 사후비교

종속변수	제품지식	평균차이	Std. Error	p-값
브랜드 태도	중간자-초보자	1.4239	1.1761	.943
품질 평가		0.4374	.1903	.373

사후 분석결과 중간자와 초보자라는 제품 지식 집단 차이가 브랜드 심볼 기대에 따른 브랜드 태도, 품질 평가라는 종속 변수 항목에 유의수준 $p<0.05$하에서 유의적인 반응 차이를 보이지 않았다(브랜드 태도의 p-값>0.05, 품질 평가의 p-값>0.05). 따라서 가설 4c도 기각되었다.

가설 4d. 중간자는 브랜드 심볼 기대가 낮은 경우에 전문가보다 긍정적인 브랜드 반응을 보일 것이다.

다음은 가설 4d로서 이것은 브랜드 심볼의 기대가 낮은 경우에 제품 지식 수준이 중간자인 집단과 전문가인 집단간에 브랜드에 대한 반응이 다르게 나타날 것이다이다. 이에 대하 분석으로 브랜드 심볼의 기대가 낮은 경우를 대상으로 하여 중간자 집단과 전문가 집단을 대상으로 하여 Games-Howell 검증에 의한 쌍별 사후비교 분석을 실시하였다.

<표 45> 기대가 낮은 경우의 중간자 집단과 전문가 집단의 쌍별 사후비교

종속변수	제품지식	평균차이	Std. Error	p-값
브랜드 태도	중간자-전문가	-2.0812	1.2491	.626
품질 평가		-0.0645	.2021	1.000

사후 분석결과 중간자와 전문가라는 소비자의 제품 지식 집단 차이가 브랜드 심볼 기대에 따른 브랜드 태도, 품질 평가라는 종속 변수 항목에 유의수준 $p<0.05$하에서 유의적인 반응 차이를 보이지 않았다(브랜드 태도의 p-값>0.05, 품질 평가의 p-값>0.05). 따라서 마지막 가설인 가설 4d도 기각되었다. 이에 따라 가설 4와 이에 따른 하위 가설인 4a, 4b, 4c, 4d는 모두 기각되었다.

이 연구 결과는 가설 2와 이에 따른 하위 가설 2a, 2b, 2c, 2d와 마찬가지로 소비자 제품 지식 수준에 따라 제품 평가에 이용하는 단서가 달라진다는 주장(Park and Lessig, 1981)과 상반되는 결과이다. 기존 연구에 의하면 지식 수준이 높은 전문가나 낮은 초보자인 경우에는 브랜드 단서를 중심으로 평가를 하고 중간자인 경우에는 제품 속성 정보를 주요 단서로 하여 제품을 평가한다고 한다. 본 연구 결과가 이와 상반되게 나온 이유에 대하여서는 가설 2에 대한 토의에 제시되어 있다. 그리고 이러한 연구 결과가 나온 이유를 심볼이라는 시각적인 정보 특성 측면에서 살펴보면 다음과 같다. 우선 소비자의 브랜드 심볼과 시각적인 자극에 대한 반응은 제품 지식과 독립적으로 이루어 질 수 있다. 기존의 이루어진 사람의 정보 처리 스타일에 관한 연구에 의하면 사람의 정보처리 스타일은 시각적인 정보를 위주로 정보 처리하는 사람과 언어적인 정보를 위주로 정보를 처리하는 사람이 있는데(Childers, Houston and Heckler, 1985), 본 연구에서는 이러한 측면에 대한 고려가 이루어지지 않았다. 그리고 피험자들 모두 자신들의 제품 지식 수준에 상관없이 제시되는 브랜드 로고 및 심볼, 브랜드명, 제품 정보의 신뢰성에 의문을 가지면 소비자의 제품 지식 수준에 따른 브랜드 반응 차이가 나타나지 않을 수 있다. 광고에서 이루어진 연구에 의하면 소비자가 제시되는 광고 정보의 신뢰성에 회의적이면 광고 효과가 희석되는데(Scott, 1994), 이것이 소비자의 제품 지식 수준에 따른 브랜드 심볼 기대에 대한 브랜드 반응에서 나타난 것으로 사려된다. 따라서 향후에 이러한 소비자의 정보처리 방식이나 제시되는 브랜드 정보의 신뢰성을 고려한 연구가 이루어지면 보다 가치 있는 연구 결과를 얻을 수 있을 것이다.

5. 추가적 분석

본 연구의 핵심 변수는 브랜드명의 관련성과 이에 따른 브랜드 심볼의 기대이다. 연구 결과 이들 변수 모두가 브랜드에 대한 소비자 반응에 유의적인 영향을 미치는 것으로 나타났다. 그리고 일치성에 대한 기존 연구에서 소비자는 관련성이 있고 기대하지 않은 정보에 대하여 가장 긍정적으로 반응하는 것으로 나타났다(Heckler and Childers, 1992, Lee and Mason, 1999). 기존 연구들 중에서는 일치성의 구성 개념인 기대와 관련성이 상호작용 효과를 나타낸다는 사례가 있고(Heckler and Childers, 1992), 그렇지 않은 경우도 있다(Lee and Mason, 1999). 이에 따라 추가적 분석으로 본 연구에서 가설로 제시되지는 않았지만 이 두 변수가 상호작용 효과를 나타내는 지 여부와 관련성과 기대에 따른 소비자 반응을 비교 분석하였다.

<표 46> 브랜드명 관련성와 심볼 기대에 따른 브랜드 반응의 각 집단 평균

종속 변수 구성 항목	관련성	기대 고	기대 중	기대 저	전체
브랜드 이미지	관련성이 높은 브랜드명	16.4510	18.0521	15.8137	16.7467
	관련성이 낮은 브랜드명	14.8077	15.5962	14.1919	14.8762
	부분 전체	15.6214	16.7750	15.0149	15.8007
브랜드 태도	관련성이 높은 브랜드명	28.2157	30.8021	27.0294	28.6400
	관련성이 낮은 브랜드명	25.1442	26.0577	23.5253	24.9316
	부분 전체	26.6650	28.3350	25.3035	26.7644
품질 평가	관련성이 높은 브랜드명	3.9510	4.3542	3.8725	4.0533
	관련성이 낮은 브랜드명	3.6635	3.8558	3.5354	3.6873
	부분 전체	3.8058	4.0950	3.8551	3.8682
구매 의도	관련성이 높은 브랜드명	3.8627	4.2604	3.6471	3.9167
	관련성이 낮은 브랜드명	3.6827	3.6154	3.2424	3.5179
	부분 전체	3.7718	3.9250	3.7065	3.7150

브랜드명 관련성과 심볼 기대의 상호작용 효과가 나타나는 지를 검증하기 위해 이원 분산분석을 하였으며 이에 대한 분석 결과는 다음과 같다.

〈표 47〉 브랜드명 관련성과 심볼 기대에 따른 브랜드 반응의 이원 분산분석

Source		종속변수 구성항목	Sum of Squares	df	Mean Square	F	p-값
Main Effects	관련성	이미지	551.418	1	551.418	35.233	.000
		태도	2158.870	1	2158.870	46.979	.000
		품질평가	21.251	1	21.251	16.745	.000
		구매의도	25.477	1	25.477	17.181	.000
	기대	이미지	342.995	2	171.498	10.958	.000
		태도	999.298	2	499.649	10.873	.000
		품질평가	17.376	2	8.688	6.846	.001
		구매의도	25.278	2	12.639	8.523	.000
Interaction		이미지	22.708	2	11.354	.725	.485
		태도	76.071	2	38.036	.828	.438
		품질평가	1.226	2	.613	.483	.617
		구매의도	5.481	2	2.740	1.848	.158
Model		이미지	892.879	5	178.576	11.410	.000
		태도	3150.728	5	630.146	13.712	.000
		품질평가	38.716	5	7.743	6.101	.000
		구매의도	54.505	5	10.901	7.351	.000
Residual		이미지	9406.001	601	15.651		
		태도	27618.584	601	45.954		
		품질평가	762.740	601	1.269		
		구매의도	891.188	601	1.483		
Total		이미지	10298.880				
		태도	30769.311				
		품질평가	801.456				
		구매의도	945.694				

　이원 분산분석 결과 관련성과 기대는 유의수준 $p < 0.05$하에서 유의적인 상호작용 효과는 나타내지 않는 것으로 밝혀졌다. 다음으로 소비자 브랜드 반응에 있어 어떤 조건에서 소비자 반응이 가장 긍정적으로 나타내는 지를 확인하는 것이 중요하다고 판단되어 관련성과 기대에 따른 소비자 브랜드 반응을 분석하였으며 그 결과를 표로 제시하면 다음과 같다.

<그림 15> 브랜드명의 관련성과 심볼의 기대에 따른 브랜드 반응

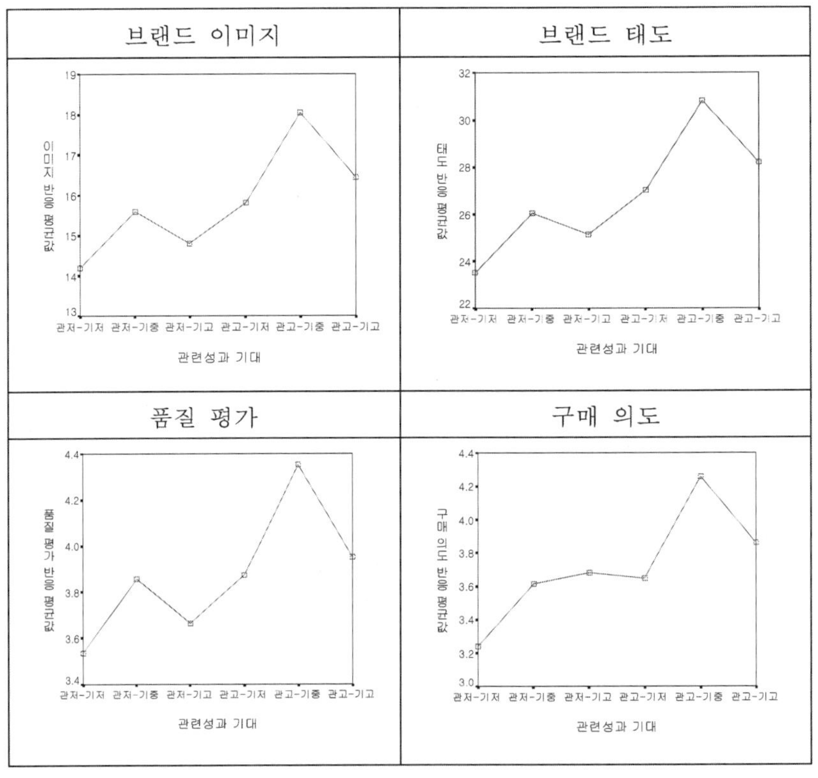

　브랜드명 관련성과 브랜드 심볼 기대에 따른 소비자 브랜드 반

응을 분석한 결과 브랜드명 관련성이 높고 심볼 기대가 중간 정도 일치하는 경우에 가장 긍정적인 브랜드 반응이 나타났다. 그리고 소비자 브랜드 반응이 가장 긍정적으로 나타나는 경우인 브랜드명 관련성이 높고 심볼 기대가 중간인 경우와 다른 경우를 대상으로 하여 쌍별 사후 비교 분석을 실시하였으며 그 결과는 다음과 같다.

〈표 48〉 브랜드명 관련성과 심볼 기대에 따른 집단간 SCHEFFE 쌍별 사후비교

종속변수	관련성과 기대		평균차이	Std. Error	p-값
브랜드 이미지	관련성고 - 기대중	관련성고-기대고	1.6011	.5626	.153
		관련성고-기대저	2.2384	.5626	.008
		관련성저-기대고	3.2444	.5599	.000
		관련성저-기대중	2.4559	.5599	.002
		관련성저-기대저	3.8602	.5667	.000
브랜드 태도	관련성고 - 기대중	관련성고-기대고	2.5864	.9640	.208
		관련성고-기대저	3.7727	.9640	.010
		관련성저-기대고	5.6579	.9595	.000
		관련성저-기대중	4.7444	.9595	.000
		관련성저-기대저	7.2768	.9710	.000
품질평가	관련성고 - 기대중	관련성고-기대고	0.4032	.1602	.277
		관련성고-기대저	0.4816	.1602	.109
		관련성저-기대고	0.6907	.1594	.002
		관련성저-기대중	0.4984	.1594	.084
		관련성저-기대저	0.8188	.1614	.000
구매의도	관련성고 - 기대중	관련성고-기대고	0.3977	.1732	.384
		관련성고-기대저	0.6134	.1732	.029
		관련성저-기대고	0.5777	.1723	.048
		관련성저-기대중	0.6450	.1723	.016
		관련성저-기대저	1.0180	.1744	.000

브랜드명 관련성과 심볼 기대에 따른 소비자 브랜드 반응에 대한 사후 쌍별 비교 분석 결과를 유의수준 p<0.1에서 설명하면 관련성이 높고 기대가 중간인 경우의 소비자 브랜드 반응은 다른 집단 모두와 유의적인 차이가 있는 것으로 나타나지는 않았다. 하지만 브랜드명의 관련성이 높고 브랜드 심볼의 기대가 중간인 집단과 브랜드명의 관련성이 낮고 브랜드 심볼의 기대가 낮은 집단간에는 소비자 브랜드 반응 변수 항목(브랜드 이미지, 브랜드 태도, 품질 평가, 구매 의도)에 걸쳐 유의적인 차이가 있는 것으로 나타났다. 그리고 기대성 차이보다 관련성 차이가 소비자 브랜드 반응에 더 큰 영향을 미치는 것으로 나타났는데, 이것은 일치성에 대한 소비자 반응에 관련성이 더 큰 영향을 미친다는 것을 시사해 주는 것이다.

6. 연구 결과의 요약

본 실험 연구 분석을 통해서 밝혀진 가설들에 대한 검증 결과를 요약하여 제시하면 다음과 같다.

<표 49> 가설별 연구 결과의 요약

가설	가설 내용	지지 및 기각 여부
1	브랜드명의 제품 속성 관련성이 높은 경우에 낮은 경우보다 긍정적으로 반응	지지
2	브랜드명의 제품 속성 관련성에 대한 반응은 제품 지식 수준(초보자, 중간자, 전문가)에 따라 다르게 나타날 것임	기각
2a	초보자는 제품 속성 관련성이 높은 브랜드명에 대하여 중간자보다 긍정적인 브랜드 반응을 보일 것임	기각
2b	전문가는 제품 속성 관련성이 높은 브랜드명에 대하여 중간자보다 긍정적인 브랜드 반응을 보일 것임	기각
2c	중간자는 제품 속성 관련성이 높은 브랜드명에 대하여 초보자보다 긍정적인 브랜드 반응을 보일 것임	기각
2d	중간자는 제품 속성 관련성이 높은 브랜드명에 대하여 전문가보다 긍정적인 브랜드 반응을 보일 것임	기각
3	소비자 브랜드 반응은 브랜드명에 따른 브랜드 심볼의 기대 정도에 따라 다르게 나타날 것임	지지
3a	브랜드 심볼의 기대가 낮은 경우보다 높은 경우에 긍정적인 브랜드 반응을 보일 것임	부분 지지
3b	브랜드 심볼의 기대가 낮은 경우보다 중간인 경우에 긍정적인 브랜드 반응을 보일 것임	지지
3c	브랜드 심볼의 기대가 높은 경우보다 중간인 경우에 긍정적인 브랜드 반응을 보일 것임	부분 지지
4	브랜드 심볼의 기대에 대한 브랜드 반응은 제품 지식 수준(초보자, 중간자, 전문가)에 따라 다르게 나타날 것임	기각
4a	초보자는 브랜드 심볼의 기대가 중간인 경우에 중간자보다 긍정적인 브랜드 반응을 보일 것임	기각
4b	전문가는 브랜드 심볼의 기대가 중간인 경우에 중간자보다 긍정적인 브랜드 반응을 보일 것임	기각
4c	중간자는 브랜드 심볼의 기대에 낮은 경우에 초보자보다 긍정적인 브랜드 반응을 보일 것임	기각
4d	중간자는 브랜드 심볼의 기대에 낮은 경우에 전문가보다 긍정적인 브랜드 반응을 보일 것임	기각

제 6 장 결 론

제 1 절 연구의 결론

브랜드에 대한 기존 연구의 대부분이 브랜드 자산이나 브랜드 확장에 초점을 맞추어 브랜드 구성 요소 자체의 특성에 대한 연구가 상대적으로 부족하다는 문제 인식에서 본 연구를 시작하였다. 기업이 강력한 브랜드 자산을 구축하는 방법에는 광고 등과 같은 마케팅 활동에 의한 방법이 있지만 바람직한 브랜드 구성 요소의 선택과 결합에 의한 방법도 가능하다(Keller, 1998, Shimp, 2000). 본 연구는 기업이 브랜드를 구축하는 과정인 브랜딩에 있어 브랜드의 핵심 구성 요소인 브랜드명과 브랜드 심볼을 연구 대상으로 하였다. 본 연구는 일치성의 차원에서 브랜드명의 관련성과 브랜드 심볼의 기대를 독립 변수로 하고 소비자의 제품 지식을 조정변수로 하여 이들 변수 차이에 따른 소비자 브랜드 반응을 실험 방법에 의한 집단간 비교를 통해 실증 분석하였다. 우선 브랜드명 관련성과 브랜드 심볼의 기대, 소비자 제품 지식에 관련된 이론 연구를 통해 가설을 제시하고 이를 검증하였다. 본 연구를 통해서 나타난 연구 결과를 브랜드명, 브랜드 심볼, 소비자 제품 지식에 따라 정리하면 다음과 같다.

첫째 브랜드명에 따른 소비자 브랜드 반응에 있어 브랜드명의 관련성이 소비자의 브랜드 반응에 유의적인 영향을 미치는 것으로 나타났다. 기존에 브랜드명의 관련성과 유사한 개념이라고 할 수 있는 브랜드명 제시성에 관한 연구에서 브랜드명 제시성이 소비자의 인지 반응이라고 할 수 있는 브랜드 재인 및 회상에 긍정적인 영향을 미치는 것으로 나타났다(Keller, Heckler and Houston, 1998). 그리고 일치성 차원에서 이루어진 관련성에 대한 연구에서도 관련성이 있는 경우에 소비자 기억 반응은 증가하는 것으로 나타났다(Heckler and Childers, 1992). 하지만 이들 연구가 제시성이나 관련성이 소비자의 기억 반응에 미치는 영향을 반응 변수로 다루고 있어 관련성이 태도나 구매 의도와 같은 소비자의 감정 및 행동 차원에 미치는 영향에 대해서는 연구가 이루어지지 않았다는 한계를 가지고 있었다. 따라서 본 연구는 브랜드명의 관련성이 소비자의 감정 및 행동 반응에 미치는 영향에 연구의 초점을 맞추었다. 연구 결과 브랜드명의 관련성이 있는 경우에 소비자 브랜드 반응인 브랜드 이미지, 브랜드 태도, 품질 평가, 구매 의도 등과 같은 감정 및 행동 반응 모두에 유의적으로 영향을 미치는 것으로 나타났다. 즉 관련성이 낮은 경우에 비하여 관련성이 높은 경우에 긍정적인 소비자 반응이 나타나는 것으로 연구 결과가 나왔다. 따라서 관련성이 소비자의 인지 반응뿐만이 아니라 소비자의 감정 및 행동 차원에도 긍정적인 영향을 미친다는 것이 밝혀졌다.

둘째 브랜드 심볼에 대한 반응에서 심볼 기대가 그 정도 차이에 따라 소비자 반응에 유의적인 영향을 미치는 것으로 나타났다. 기존의 연구에서는 기대를 있는 경우와 없는 경우로 나누는 방식으로 기대를 2가지 차원으로 구분하여 기대가 없는 경우에 소비자의 기억 반응은 증가한다는 결과를 제시하고 있다(Heckler and

Childers, 1992). 하지만 기대와 유사한 개념인 일치성(congruity)에 관한 연구에 의하면 기대는 2가지 차원이 아닌 보다 다양한 차원으로 구분될 수 있음을 알 수 있다. 본 연구에서는 기대를 3가지 차원(높은 경우, 중간인 경우, 낮은 경우)으로 나누어서 소비자 반응을 연구한 결과 기대가 중간인 경우에 소비자 반응이 낮은 경우보다 긍정적으로 나타났다. 그리고 기대가 높은 경우와는 중간인 경우에는 기대에 따라 소비자 반응 차이가 모두 유의적으로 나타나지 않았지만 부부적으로 유의적인 것으로 나타났다. 그리고 기대가 높은 경우와 낮은 경우에는 기대가 높은 경우에 소비자 반응이 부분적이지만 유의적인 긍정 반응을 보이는 것으로 밝혀졌다. 따라서 기대와 소비자 반응과의 관계가 기대를 이분법적 구분하여 이에 대한 소비자 반응이 역의 선형 관계로 나타난다는 것이 아니라 기대 정도에 따라 소비자 반응이 역의 J자 형태의 비선형으로 나타날 수 있다는 것을 알 수 있다. 따라서 향후의 연구에서는 기대의 정도를 보다 다양하게 구분하는 것이 필요하다고 할 수 있다. 다음으로 기대에 대한 기존 연구들은 기대 정도 차이가 소비자의 재인이나 회상과 같은 인지 반응에 초점을 맞추었다. 하지만 본 연구에서는 기대 차이에 따른 소비자 브랜드 반응으로 태도와 구매 의도 등을 분석하였는데, 기대 정도 차이가 소비자 감정 및 행동 반응에 유의적인 영향을 미치는 것으로 나타났다. 따라서 기대가 소비자의 인지, 감정, 행동 반응 모두에 유의적인 영향을 미친다고 할 수 있다. 하지만 기존의 연구에 의하면 기대하지 않았던 경우(unexpected)에 소비자 기억 반응은 증가한다고 하였는데, 본 연구에 의하면 기대가 없는 경우라고 할 수 있는 기대가 낮은 경우에 소비자의 감정 및 행동 반응은 기대가 중간인 경우나 높은 경우보다 비긍정적으로 나타났다. 따라서 본 연구와 기존 연구 사이에 나타나는 상충되는 연구 결과를 설명하면 정보 자극이 기대하지 않았거나 낮은 경우에 소비자 기억과 같은 인지 반응을 증가시킬 수 있지만 소비자의 감정 및 행동 반응을 비우호적으로 나타나게 할 수 있다는 것이다. 이것은 맨들러(Mandler, 1982)의 스키마 불일치성 이론에 의하여 설명이 가능한데, 소비자는 자신이 가지고 있는 스키마와 적당히 불일치 하는 정보에 대하여 긍정적으로 반응하지만 극단적으로 불일치 하는 정보에 대해서는 기억 반응은 증가하지만 태도 반응은 비우호적으로 나타날 수 있다는 주장과 일맥상통한다.

마지막으로 소비자 제품 지식이 브랜드명과 브랜드 심볼에 대한 소비자 브랜드 반응에 유의적인 영향을 미치지 못하는 것으로 나타났다. 이것은 지식이 높은 전문가나 낮은 초보자의 경우에는 비본질적인 제품 속성이면서 주변 단서인 브랜드와 같은 단서를 활용하는 정도가 중간자보다 높다는 기존 연구와 상반되는 결과이다. 이에 대한 설명은 다음과 같다. 지식이 낮은 초보자는 해당 제품의 속성을 평가할 능력이 약하므로 기존에 시장에 나와 있는 유명 브랜드를 평가 단서로 주로 활용하고 전문가도 제품 속성 정보를 브랜드로 종합하여 평가 단서로 활용한다. 반면에 중간자는 제품의 본질적 속성을 중심 단서로 활용하여 제품에 대하여 평가한다(Park and Lessig, 1981). 그런데 본 실험에서 사용된 브랜드명과 심볼은 모두 새로 개발된 것이므로 브랜드 구성 요소 모두가 유명 브랜드가 아니어서 초보자, 중간자, 전문가와 같은 소비자 제품 지식 수준 차이에 따른 브랜드 반응에 유의적인 차이가 나타나지 않은 것으로 판단된다. 이것은 초보자와 전문가가 제품에 대한 평가 시 브랜드를 활용한다는 것은 유명 브랜드를 의미하는데, 본 실험에서 제시된 브랜드는 모두 새로운 브랜드이므로 소비자의 브랜드 친숙도가 낮게 되어 브랜드보다는 제품 속성에 근거하여 평가하였을 것으로 판단된다. 아울러 중간자는 브랜드보다는 제품의 본질적 속성에 근거하여 평가하는 경향이 강하므로 제품 속성에 근거하여 브랜드를 평가했으므로 소비자 지식 차이에 따라 브랜드 반응이 유의적으로 나타나지 않은 것으로 사려된다. 또 다른 이유로는 소비자 모두 자신들의 제품 지식 수준에 상관없이 제시되는 브랜드 관련 정보의 신뢰성에 의문을 가지면 소비자의 제품 지식 수준에 따른 브랜딩 효과가 희석될 수 있는데 이러한 현상이 본 연구에 나타났다고 할 수 있다. 광고에서 이루어진 연구에 의하면 소비자가 제시되는 광고 정보의 신뢰성에 회의적이면 광고 효과가 나타나지 않을 수 있는데(Scott, 1994), 이와 유사한 현상이 본 연구에서 나타났을 가능성이 높다.

제 2 절 연구의 이론적, 실무적 시사점

본 연구는 이론적, 실무적 측면에서 다음과 같은 시사점을 가지고 있다. 우선 이론적 측면에서의 시사점을 살펴보면 다음과 같다.

첫째, 일치성과 일치성의 구성 개념인 관련성과 기대에 관한 기존 연구의 대부분이 정보 자극물에 대한 기억과 소비자의 인지 반응에 초점을 맞추어 연구가 이루어졌다. 이에 따라서 일치성과 기대 및 관련성이 소비자 감정 및 행동 반응에 미치는 영향에 대한 연구는 상대적으로 부족한 실정이다. 본 연구는 관련성과 기대, 그리고 이들을 결합한 개념인 일치성이 인지 반응 뿐만이 아니라 소비자의 감정 및 행동 반응에 유의적인 영향을 미친다는 것을 규명하였다.

둘째 기존의 기대에 관한 연구에서 대부분 기대를 기대했던 경우(expected)와 기대하지 않았던 경우(unexpected)와 같이 이분법적으로 구분하여 이에 따른 소비자 반응은 연구하였다. 이에 의한 연구 결과 기대하지 않았던 경우에 소비자의 기억 반응이 증가하는 것으로 나타났다(Heckler and Childers, 1992, Lee and Mason, 1999). 그런데 본 연구에서 기대를 3가지 차원으로 나누어서 소비자의 감정 및 행동 반응을 연구한 결과 소비자 브랜드 반응이 기대가 중간인 경우에 가장 긍정적으로 나타나고 그 다음으로 기대가 높은 경우, 마지막으로 기대가 낮은 경우 순서로 나타났다. 그러므로 기대가 기존의 이분법적 구분이 아닌 보다 다양한 차원으로 구분되며 이러한 기대의 다양한 차원에 따라 기대와 소비자 반응 사이에는 기존의 역의 선형 관계가 아닌 역의 J형과 같은 비선형적의 관계가 존재할 수 있다는 것이 규명되었다. 따라서 기대와 소비자의 반응간의 관계를 기존의 역의 관계가 아닌 비선형적 관계가 존재하므로 향후 기대에 관련된 연구에서 기대의 다차원성을 고려한 후속적인 연구가 필요하다.

마지막으로 본 연구에서는 소비자의 브랜드 반응에 영향을 미치는 조정변수로 소비자의 제품 지식을 고려하였다. 연구 결과 소비자 지식이 관련성과 기대에 따른 소비자의 브랜드 반응에 유의적인 영향을 미치지 않는 것으로 밝혀졌다. 이것은 기업이 브랜드를 개발하거나 구축하는 과정인 브랜딩에 소비자의 해당 제품에 대한 지식이 유의적인 영향을 미치지 않는다는 것을 의미한다. 이에 의하면 소비자는 새로운 브랜드에 대하여 반응할 때 기존에 가지고 있던 해당 제품 지식에 관계없이 해당 브랜드명의 관련성과 브랜드 심볼의 기대에 따라 반응한다는 것을 의미한다.

다음으로 실무적인 측면에서 본 연구는 다음과 같은 시사점을 제공해 줄 수 있다.

첫째 브랜드를 개발하고 구축하는 과정인 브랜딩에서 가장 중요한 것 중에 하나가 바람직한 브랜드 구성 요소를 선택하는 것이다. 그런데 기업의 브랜드 개발 담당자는 브랜드에 관련한 업무가 자주 발생하는 일이 아니어서 이에 대한 지식과 경험을 축적할 기회가 광고 등과 같은 다른 마케팅 활동에 비하여 적어 이에 대한 노하우가 상대적으로 부족한 것이 현실이다. 따라서 본 연구는 기업의 브랜드 개발에 대하여 많은 도움을 줄 수 있을 것이다. 즉 기업에서 브랜드명을 선택하는데 있어서는 브랜드명이 관련성이 있는 것이 바람직하고 브랜드 심볼의 경우에는 브랜드명에 따른 기대에 중간 정도 부합하는 형태의 심볼을 개발하여 사용하는 것이 가장 긍적적인 소비자의 브랜드 반응을 이끌어 낼 수 있다는 것이다. 이것을 구체적으로 설명하면 브랜드명은 가능하면 해당 제품이 소비자에게 제공하는 속성이나 혜택과 관련이 있는 것이 바람직하다는 것이다. 그리고 브랜드 심볼을 사용하는 경우에는 심볼의 디자인 특성이 너무 구체적이거나 추상적이어서 브랜드명에 따른 심볼 기대와 극단적으로 부합하거나 부합하지 않는 것보다는 너무 구체적이지도 않고 그렇다고 너무 추상적이지 않은 중간 정도로 선 처리하여 기대에 중간 정도 부합하는 형태의 심볼을 사용하는 것이 소비자의 긍정적인 브랜드 반응을 이끌어 낼 수 있다는 것이다.

둘째 기업이 새로운 브랜드명이나 브랜드 심볼 개발 시 해당 제품 소비자의 제품 지식은 유의적인 고려변수가 아니라는 것이다. 따라서 기업은 해당 소비자의 제품 지식과는 독립적으로 브랜드명의 제품 관련성과 로고나 심볼의 기대에 따라 브랜딩에 대한 의사결정을 할 수 있다는 것이다.

마지막으로 기업에서 광고 카피와 그림과 같은 상이한 성격의 커뮤니케이션 구성 요소를 결합하여 광고물, 포장 등과 같은 것을 제작하는 경우에 이들 구성 요소간에 일치성 수준을 결정해야 하는데 이에 대한 업무에 본 연구가 유익한 도움을 줄 수 있을 것이다. 연구 결과 소비자들은 이들 구성 요소간에 관련성이 있고 기대와 중간 정도 부합하는 경우에 가장 긍정적인 반응을 보였다. 따라서 기존에 마케팅 활동에서 많이 이루어지고 있는 관련성이 높고 기대가 높은 정보를 소비자에게 제공하기 보다는 약간의 불일치가 발생할 수 있는 수준의 정보를 제공하는 것이 소비자의 긍정적인 감정, 태도 행동 반응을 이끌어 내는데 유리하다는 것이다. 이에 대한 구체적인 방법으로는 가능하면 관련성이 높은 언어 정보를 제공하는 것이 좋고 기대와 높게 부합하는 시각 정보보다는 중간 정도로 부합하는 정보를 제공하는 것이 소비자 반응을 긍정적으로 이끌어 낼 수 있다는 것이다.

제 3 절 연구의 한계와 향후 연구 방향

본 연구는 다음과 같은 연구의 한계를 가지고 있으므로 향후 이 분야에 관련된 연구에서 이에 대한 추가적인 연구가 이루어져야 할 것이다.

첫째 본 연구는 소비자 브랜드 반응에 영향을 미치는 요소로 브랜드 구성 요소 특성을 일치성의 관점에서 브랜드명의 관련성과 심볼의 기대를 주요 변수로 하여 연구가 이루어졌다. 본 연구에서 기대는 기존의 2차원적 구분이 아닌 3차원으로 그 차원을 확대하여 다루었으나 관련성에 대해서는 이러한 다차원적 고려가 이루어지지 못하였다. 그런데 본 연구 결과에서 나타난 바와 같이 기대의 다차원성에 따라 소비자 반응이 비선형적으로 나타났는데, 관련성에 있어서도 관련성의 정도 차이에 따라 소비자 반응이 다르게 나타날 것으로 사려된다. 따라서 향후에 관련성의 다차원을 고려하여 이러한 요소가 소비자 반응에 미치는 영향에 대한 연구가 이루어져야 할 것이다. 그리고 관련성과 기대의 다차원성을 동시에 고려한 연구가 이루어지면 더욱 의미 있는 연구가 될 것이다.

둘째 본 연구에서는 기대와 관련성에 따른 소비자의 감정 및 행동 반응을 연구하였는데, 연구 결과가 기존의 관련성과 기대에 대한 연구와는 상이한 결과를 제시하고 있다. 기존 연구가 관련성과 기대에 따른 소비자 기억과 같은 인지 반응에 대한 연구로서 기대가 없는 경우에 소비자 기억 반응이 증가하는 것으로 나타났다. 하지만 본 연구에서는 기대가 없는 경우라 할 수 있는 기대가 낮은 경우에는 소비자의 감정 및 행동 반응이 기대가 높은 경우나 중간인 경우보다 비우호적으로 나타났다. 따라서 기대가 없는 경우나 낮은 경우에는 소비자 인지 반응과 감정 및 행동 반응이 서로 상이하게 나타날 수 있다는 것이다. 이것을 보다 구체적으로 설명하면 기대가 낮은 경우에 소비자의 인지 반응은 증가하지만 감정 및 행동 반응은 비우호적으로 나타날 수 있다는 것이다. 이것은 기대가 낮은 경우에 인지 반응은 증가하지만 태도 반응은 부정적일 수 있다는 것을 의미한다. 따라서 향후에 일치성 측면에서 소비자의 인지 반응과 감정 반응 사이에 존재하는 이러한 괴리를 해결할 수 있는 연구가 필요하다.

셋째, 강력한 브랜드를 구축하는 방법으로 바람직한 브랜드 구성 요소의 선택과 결합에 의한 방법과 마케팅 및 마케팅 커뮤니케이션 프로그램에 의한 방법과 같이 두 가지의 차원이 다른 방법이 가능하다. 그런데 브랜드 구축은 보통 이 두 가지 방법을 모두 사용하여 이루어지는 것이 일반적인데, 본 연구에서는 이 두 가지 방법 모두를 고려하지 못 하였다. 따라서 향후에 브랜드 구성 요소의 선택과 이에 따른 마케팅 프로그램을 모두 고려한 바람직한 브랜드 구축 방법에 대한 연구가 필요하다.

넷째, 본 연구에서는 연구 대상 제품을 기능적 제품으로 한정하고 해당 제품군에서 유명 브랜드가 없는 제품을 대상으로 하였는데 이러한 과정에서 소비자의 제품 지식 측정에 한계가 있었다. 따라서 향후 연구로서 감성적 제품이나 기능적 제품 및 감성적 제품을 모두 고려하는 연구가 필요하다. 그리고 컴퓨터나 핸드폰, 미장원과 같이 소비자들이 제품 지식 정도가 많이 차이 나면서 관여도가 다양하게 나타날 수 있는 제품을 대상으로 한 연구가 요구된다.

마지막으로 본 연구에서는 관련성의 차원에서 브랜드명과 기대의 차원에서 브랜드 심볼에 대하여 다루면서 이에 대한 조정 변수로서 소비자의 제품 지식이라는 개인적 특성 변수를 다루었다. 연구 결과 소비자의 제품 지식은 이들 변수에 따른 소비자 반응에 유의적인 영향을 미치지 않는 것으로 나타났다. 그런데 소비자의 개인 특성 변수는 제품 지식 이외의 관여도, 인구통계학적 특성 변수 등과 같은 다른 변수가 있는데 이러한 변수 요인을 고려한 추가적인 연구가 필요하다. 그 한 예로서 소비자의 선호하는 정보처리 스타일을 고려해 볼 수 있다. 브랜드 심볼은 하나의 형태를 띈 디자인물로서 소비자에게 시각적으로 호소하는 경향이 강하고 브랜드명은 청각적인 자극물로서 소비자에게 언어적으로 호소하는 경향이 강하다고 할 수 있다. 그런데 어떤 사람은 정보를 시각적인 정보를 위주로 처리하고 이에 따라 태도를 형성하지만 어떤 사람은 언어적인 정보를 위주로 처리하여 태도를 형성하는 것과 같이 개인이 선호하는 정보 유형 특성 차이가 존재한다 (Childers and Hecklers, 1985). 그리고 브랜드 심볼은 하나의 시각 디자인 창조물로서 각 심볼마다 고유한 형태를 띄고 있는데 이러한 형태에 대한 반응도 사람에 따라 다르게 나타날 수 있다. 기존 연구에 의하면 심볼 디자인과 같은 형태에 대한 반응에 영향을 미치는 개인 요소로는 개인의 디자인 통찰력, 경험, 개성 등과 같은 변수가 유의적인 영향을 미치는 것으로 파악되고 있다 (Bloch, 1995). 따라서 향후에 이러한 개인 특성 변수를 다양하게 고려하여 브랜드 심볼 및 제품 형태에 대한 소비자 반응을 연구하는 것이 필요하다.

참고문헌

〈국내문헌〉

노장오(1998), *브랜드 워크아웃*, 한언.

박아청(1993), *아이덴티티의 세계*, 교육과학사.

박충환(1997), " 브랜드 운영관리 전략의 새로운 경향," *광고학연구*, 제 8 권 2 호, pp.273-283.

안광호, 한상만, 전성률(1999), *브랜드 관리: 이론과 응용*, 학현사.

이문규(1996), " 신제품 상표 전략의 효과에 관한 실험 연구," *상품학연구*, Vol.14, pp.53-61.

이문규, 박성연(1997), " 서비스특성에 따른 효과적인 광고전략에 관한 연구," *광고연구*, 가을호, pp.109-126.

이영준(2000), *분산분석의 이해*, 석정.

이유재(1994, 1999), *서비스 마케팅*, 학현사.

이유재, Rajeev Batra(1999), " 한국기업의 해외시장에서의 브랜드구축에 관한 연구: 선진국 시장을 중심으로," *한국마케팅저널*, 제 1 권, 제 3 호, pp.79-108.

이진용(1993), " 상표확장전략에 관한 고찰," *광고연구*, 가을호, pp.27-49.

이현우(1998), " 광고 슬로건 및 브랜드네임에 대한 언어학적 접근 연구," *광고연구*, pp.125-145.

임종원, 이유재, 김재일, 홍성태(1995), *소비자행동론*, 경문사.

장대련(1997), *2B Marketing*, 학현사.

장대련, 한민희(1994), *광고경영론*, 학현사.

장대련, 한민희(2000), *광고론*, 학현사.

장석진, 문양수, 박병수, 양동휘 공저(1997), *현대언어학*, 한신문화사.

최길렬 옮김, 하인쯔크로엘 지음(1993), *현대 커뮤니케이션 디자인*, 국제.

한상만, 최주리, 김광원(2000), " 어떤 로고가 선호되는가?," *광고학연구*, pp.149-167.

한충민(1990), " 제조국가 이미지와 상표 이미지가 미국 소비자의 제품 평가에 미치는 영향," *마아케팅연구*, Vol.5, No.1, 봄호, pp.261-276.

한충민(1996), " 한국 기업의 브랜드 국제화에 관한 탐색적 연구," *경영학연구*, 제 25 권 제 2 호, pp.333-353.

한충민(1996), *브랜드 세계화*, 21 세기북스.

홍성태(1992), *소비자 심리의 이해*, 나남출판.

〈외국문헌〉

Aaker, David A.(1990), " Brand Extension: The Good, the Bad, and the Ugly," *Sloan Management Review*, Summer, pp.47-56.

Aaker, David A.(1991), *Managing Brand Equity: Capitalizing on the Value of a Brand Name*, Free Press.

Aaker, David A.(1996), *Building Strong Brands*, Free Press.

Aaker, David A.(1997), " Should You Take Your Brand to Where the Action Is," *Harvard Business Review*, September-October, pp.135-143.

Aaker, David A.(1998), *Strategic Market Management*, John Wiley and Sons.

Aaker, David A. and Alexander L. Biel(1993), *Brand Equity and Advertising*, Eds., Lawrence Erlbaum Associates Publishers.

Aaker, David A. and Kevin L. Keller(1990), " Consumer Evaluations of Brand Extensions," *Journal of Marketing*, Vol.54, January, pp.27-41.

Aaker, David A. and Erich Joachimsthaler(2000), *Brand Leadership : Building Assets in the Information Society*," Free Press.

Ahluwalia, Rohini and Zeynep Gürhan-Canli(2000), " The Effects of Extensions on the Family Brand Name: An Accessibility-Diagnosticity Perspective," *Journal of Consumer Research*, Vol.27, December, pp.371-381.

Alba, Joseph W. and J. Wesley Hutchinson(1987), " Dimensions of Consumer Expertise," *Journal of Consumer Research*, Vol.13, March, pp.411-454.

Amit, Raphael and Paul J.H. Schoemaker(1993), " Strategic Assets and Organizational Rents," *Strategic Management Journal,* Vol.14, No.1, pp.33-46.

Arnold, David(1992), *The Handbook of Brand Management*, Addison-Wesley Publishing Company.

Baxter, Mike(1995), *Product Design*, Chapman and Hall.

Beckwith, Harry(1997), *Selling the Invisible*, Warner Books.

Berry, Leonard L.(2000), " Cultivating Service Brand Equity," *Journal of the Academy of Marketing Science*, Vol.28, No.1, pp.128-137.

Bloch, Peter(1995), " Seeking the Ideal Form: Product Design and Consumer Response," *Journal of Marketing*, Vol.59, July, pp.16-29.

Bouchenoire, Jean-Leon(2000), " Brand Integration: Total Image Management," *Design Management Journal*, Vol.11, No.2, Spring, pp.10-14.

Boush, David M. and Barbara Loken(1991), " A Process-Tracing Study of Brand Extension," *Journal of Marketing Research*, Vol.28, February, pp.16-28.

Broniarczyk, Susan M. and Joseph W. Alba(1994), " The Importance of the Brand in Brand Extension," *Journal of Marketing Research*, Vol.29, May, pp.214-228.

Bruner, Gordon C.(1990), " Music, Mood, and Marketing," *Journal of Marketing*, Vol.54, No.4, October, pp.94-104.

Bruce, Brendan(1992), *Images of Power: How the Image Makers Shape Our Leaders*, Kogan Page.

Bennett, Peter D.(1988), *Dictionary of Marketing Terms*, American Marketing Association.

Calder, Bobby J. and Steven J. Reagan(2001), " Brand Design," in D. Iacobucci(Ed.), *Kellogg on Marketing*, John Wiley and Sons, pp.58-73.

Carpenter, Gregory S. and Kent Nakamoto(1989), " Consumer Preference Formation and Pioneering Advantage," *Journal of Marketing Research*, Vol.26, August, pp.285-298.

Carpenter, Gregory S., Rashi Glazer and Kent Nakamoto(1994), " Meaningful Brands from Meaningless Differentiation: The Dependence on Irrelevant Attributes," *Journal of Marketing Research*, Vol.31, August, pp.339-350.

Carpenter, Phil(2000), *eBrands: Building an Internet Business at Breakneck Speed*, Harvard Business School Press.

Childers, Terry L. and Michael J. Houston(1984), " Conditions for a Picture Superiority Effect on Consumer Memory," *Journal of Consumer Research*, Vol.11, September, pp.551-563.

Childers, Terry L., Michael J. Houston and Susan E. Heckler(1985), " Measurement of Individual Differences in Visual Versus Verbal Information Processing," *Journal of Consumer Research*, Vol.12, September, pp.125-134.

Childers, Terry L., Susan E. Heckler and Michael J. Houston(1986), " Memory for the Visual and Verbal Components of Print Advertisements," *Psychology and Marketing*, Vol.3, No.3, pp.137-150.

Committee of Definitions(1960), *Marketing Definitions: A Glossary of Marketing Terms*, American Marketing Association.

de Chernatony, Leslie(1998), *Brand Management*, Ashgate.

de Chernatony, Leslie and Francesca Dalli' Olmo Riley(1998), " Modelling the Components of the Brand," *European Journal of Marketing*, Vol.32, No.11/12, pp.1074-1090.

Duhan, Dale F., Scott D. Johnson, James B. Wilcox and Gilbert D. Harrell(1997), " Influences on Consumer Use of Word-of-Mouth Recommendation Sources, *Journal of the Academy of Marketing Science*," Vol.25, No.4, pp.283-295.

Erdem, Tulin, Joffre Swaitt, Susan Broniarczyk, Dipankar Chakravarti, Jean-Noè l Kapferer, Michael Keane, John Roberts, Jan-Denedict E.M. Steenkamp and Florian Zettelmeyer(1999), " Brand Equity, Consumer Learning and Choice," *Marketing Letters*, Vol.10, No.3, pp.301-318.

Fiske, Susan T. and Shelley E. Taylor(1984), *Social Cognition*, Addison-Wesley Publishing Company.

Farquhar, Peter H., Julia Han, Paul M. Herr, and Yuji Ijiri(1992), " Strategies for Leveraging Master Brands: How to Bypass the Risks of Direct Extensions," *Marketing Research*, Vol.4, September, pp.32-43.

Fombrun, Charles J.(1996), *Reputation: Realizing Value from the Corporate Image*, Harvard Business School Press.

Gardner, Burleigh B. and Sidney J. Levy(1955), " The Product and the Brand," *Harvard Business Review*, March-April, pp.33-39.

Gregory, James R.(1991), *Marketing Corporate Image: The Company as Your Number One Product*, NTC Business

Books.

Gobé, Marc(2001), *Emotional Branding*, Allworth Press.

Gulati, Ranjay and Jason Garino(2000), " Get the Right Mix of Bricks and Clicks," *Harvard Business Review*, May-June, pp.107-114.

Hart, Susannah and John Murphy(1998), *Brands: The New Wealth Creators,* New York University Press.

Hartley, Robert F.(1994), *Marketing Mistakes*, John Wiley and Sons.

Heckler, Susan E. and Terry L. Childers(1992), " The Role of Expectancy and Relevancy in Memory for Verbal and Visual Information: What Is Incongruency," *Journal of Consumer Research*, Vol.18, March, pp.475-492.

Henderson, Pamela W. and Joseph A. Cote(1998), " Guidelines for Selecting or Modifying Logos," *Journal of Marketing*, Vol.62, April, pp.14-30.

Hoch, Stephen J.(1996), " How Should National Brand Think about Private Labels?," *Sloan Management Review*," Winter, pp.89-102.

Hoch, Stephen J. and Shumeet Bannerji(1993), " When Do Private Labels Succeed?," *Sloan Management Review*, Summer, pp.57-67.

Holdcroft, David(1991), *Saussure: Signs, System and Arbitrariness*, Cambridge University Press.

Hollins, Bill and Stuart Pugh(1990), *Successful Product Design*, Butterworths and Co.

Houston, Michael J., Terry L. Childers and Susan E. Heckler(1987), " Picture-Word Consistency and the Elaborative Processing of Advertisements," *Journal of Marketing Research*, Vol.24, November, pp.359-369.

Howard, Daniel J., Charles Gengler and Ambuj Jain(1995), " What' s in a Name?: A Complimentary Means of Persuasion," *Journal of Consumer Research*, Vol.22, September, pp.200-211.

Iacobucci, Dawn(2001), *Kellogg on Marketing*, Ed., John Wiley and Sons.

Itami, Hiroyuki(1987), *Mobilizing Invisible Assets*, Harvard Business School Press.

Interbrand(2000), " *The World' s Most Valuable Brand 2000: Interbradnd's Annual Survey* " http://www.interbrand.com /league_chart.html.

Janiszewski, Chris and Tom Meyvis(2001), " Effects of Brand Logo Complexity, Repetition, and Spacing on Processing Fluency and Judgment," *Journal of Consumer Research*, Vol.28, June, pp.18-32.

Joachimsthaler, Erich and David A. Aaker(1997), " Building Brand without Mass Media," *Harvard Business Review*, January-February, pp.39-50.

Kapferer, Jean-Noel(1992), *Strategic Brand Management*, Kogan Page.

Kassarjian, Harold H. and Thomas S. Robertson(1991), *Perspectives in Consumer Behavior*, Eds., Prentice-Hall.

Keller, Kevin L.(1993), " Conceptualizing, Measuring, and Managing Customer-based Brand Equity," *Journal of Marketing Research*, Vol.57, No.1, January, pp.1-22.

Keller, Kevin L.(1998), *Strategic Brand Management: Building, Measuring and Managing Brand Equity*, Prentice-Hall.

Keller, Kevin L. and David A. Aaker(1992), " The Effects of Sequential Introduction of Brand Extensions," *Journal of Marketing Research*, Vol.29, February, pp.35-50.

Keller, Kevin L., Susan E. Heckler and Michael J. Houston(1998), " The Effects of Brand Name Suggestiveness on Advertising Recall," *Journal of Marketing*, Vol.62, January, pp.48-57.

Keller, Punam Anand and Lauren G. Block(1997), " Vividness Effects: A Resource-Matching Perspective," *Journal of Consumer Research*, Vol.24, December, pp.295-304.

Kessen, William, Andrew Ortony and Fergus Craik(1991), *Memories, Thoughts, and Emotions: Essays in Honor of George Mandler*, Eds., Lawrence Erlbaum Associates Publishers.

Klink, Richard R.(2000), " Creating Brand Names with Meaning: the Use of Sound Symbolism," *Marketing Letters*, Vol.11, No.1, pp.5-20.

Knapp, Duane E.(2000), *The Brandmindset™*, McGraw-Hill.

Kohli, Chiranjeev and Douglas W. Labahn(1997), " Observations: Creating Effective Brand Names: A Study of the Naming

Process," *Journal of Advertising Research*, January-February, pp.67-75.

Kotler, Philip(1994), *Marketing Management*, 8th edition, Prentice-Hall.

Kotler, Philip(1999), *Kotler on Marketing*, Free Press.

Kotler, Philip and Gary Armstrong(1999), *Principles of Marketing*, Prentice-Hall.

Krishnan, H. Shanker and Dipankar Chakravarti(1993), " Varieties of Brand Memory Induced by Advertising: Determinants, Measures, and Relationship," in D.A. Aaker and A. L. Biel(Eds.), *Brand Equity and Advertising*, Lawrence Erlbaum Associates Publishers, pp.213-231.

Leclerc, France, Bernd H. Schmitt, and Laurette Dube(1994), " Foreign Branding and Its Effects on Product Perceptions and Attitudes," *Journal of Marketing Research*, Vol.31, May, pp.263-270.

Lee, Yih Hwai and Charlotte Mason(1999), " Responses to Information Incongruency in Advertising: The Role of Expectancy, Relevancy and Humor," *Journal of Consumer Research*, Vol.26, No.2, September, pp.156-169.

Levitt, Theodore(1981), " Marketing Intangible Products and Product Intangibles," *The Marketing Renaissance*, John Wiley and Sons, pp.359-370.

Loden, D. John(1992), *Megabrand*, Business One Irwin.

Loken, Barbara and James Ward(1990), " Alternative Approaches to Understanding the Determinants of Typicality," *Journal of Consumer Research*, Vol.17, September, pp.111-126.

Low, George S. and Ronald A. Fullerton(1994), " Brands, Brand Management, and the Brand Manager System: A Critical-Historical Evaluation," *Journal of Marketing Research*, Vol.29, May, pp.173-190.

Lovelock, Christopher H.(1991), *Services Marketing*, Prentice-Hall.

Lutz, Kathy A. and Richard J. Lutz(1977), " Effects of Interactive Imagery on Learning: Application to Advertising," *Journal of Applied Psychology*, Vol.62, No.4, pp.493-498.

Lutz, Richard J.(1991), " The Role of Attitude Theory in Marketing," in H. H. Kassarjian and T. S. Robertson(Eds.), *Perspectives in Consumer Behavior*, Prentice-Hall, pp.317-339.

McCracken, J. Colleen and M. Carole Macklin(1998), " The Role of Brand Names and Visual Cues in Enhancing Memory for Consumer Packaged Goods," *Marketing Letters*, Vol.9, No.2, pp.209-226.

MacInnis, Deborah J. and Linda L. Price(1987), " The Role of Imagery in Information Processing: Review and Extensions," *Journal of Consumer Research*, Vol.13, March, pp.473-491.

Macklin, M. Carole(1996), " Preschoolers' Learning of Brand Names from Visual Cues," *Journal of Consumer Research*, Vol.23, December, pp.251-261.

Mandler, George(1982), " The Structure of Value: Accounting for

Taste," in *Affect and Cognition: The 17th Annual Carnegie Symposium*, M. S. Clark and S.A. Fiske(Eds.), Lawrence Erlbaum Associates, pp.3-36.

McGill, Ann L. and Punam Anand(1989), " The Effects of Vivid Attributes on the Evaluation of Alternatives: The Role of Differential Attention and Cognitive Elaboration," *Journal of Consumer Research*, Vol.16, September, pp.188-196.

McNeal, James U. and Stephen W. McDaniel(1981), " The Role of Consumer Knowledge in the Study of Consumer Behavior," *Journal of Marketing Education*, Spring, pp.37-41.

Meyers-Levy, Joan(1989), " Investigating Dimensions of Brand Names that Influences the Perceived Familiarity of Brands," *Advances in Consumer Research*, Vol.16, pp.258-263.

Meyers-Levy, Joan and Alice M. Tybout (1989), " Schema Congruity as a Basis for Product Evaluation," *Journal of Consumer Research*, Vol.16, June, pp.39-54.

Mick, David Glen(1986), " Consumer Research and Semiotics: Exploring the Morphology of Signs, Symbols, and Significance," *Journal of Consumer Research*, Vol.13, September, pp.196-213.

Mitchell, Andrew A.(1986), " The Effects of Verbal and Visual Components of Advertisements on Brand Attitudes and Attitude Toward the Advertisement," *Journal of Consumer Research*, Vol.13, pp.318-332.

Mitchell, Andrew A. and Peter A. Dacin(1996), " The Assessment of Alternative Measures of Consumer Expertise," *Journal of Consumer Research*, Vol.23, No.3, pp.219-239.

Muthukrishnan, Anaimalia V. and Barton A. Weitz(1991), " Role of Product Knowledge of Brand Extensions," *Advances in Consumer Research*, Vol.18, pp.407-413.

Murphy, John and Michael Lowe(1988), *How to Design Trademarks and Logos,* Quarto Publishing Inc.

Murphy, John M.(1990), *Brand Strategy*, Director Books.

Murphy, John M.(1992), *Branding: A Key Marketing Tool*, Macmillan.

Nedungadi P. and J.W. Hutchinson(1985), " The Prototypicality of Brand," *Advances in Consumer Research*, Vol.12, pp.498-503.

Olins, Wally(1989), *Corporate Identity,* Harvard Business School Press.

Paivio, Allan(1979), *Imagery and Verbal Processes*, Lawrence Erlbaum Associates Publishers.

Park, C. Whan and V. Parker Lessig(1981), " Familiarity and its Impact on Consumer Decision Biases and Heuristics," *Journal of Consumer Research*, Vol.8, September, pp.223-230.

Park, C. Whan, Sandra Milberg and Robert Lawson(1985), " Evaluation of Brand Extensions: The Role of Product Feature Similarity and Brand Concept Consistency," *Journal of Consumer Research*, Vol.18, September, pp.185-193.

Park, C. Whan, Bernard H, Jaworski and Deborah MacInnis(1986),

“ Strategic Brand Concept-image Management,” *Journal of Marketing*, Vol.50, No.3, pp.135-145.

Park, C. Whan, Robert Lowson and Sandra Milberg(1989), “ Memory Structure of Brand Names,” *Advances in Consumer Research*, Vol.16, pp.726-731.

Park, C. Whan, David L. Mothersbaugh and Lawrence Feick(1994), “ Consumer Knowledge Assessment,” *Journal of Consumer Research*, Vol.21, June, pp.71-82.

Park, Chan Su and V. Srinivasan(1994), “ A Survey-based Method for Measuring and Understanding Brand Equity and its Extendibility,” *Journal of Marketing Research*, Vol.31, May, pp.271-288.

Pavia, Teresa M. and Janeen A. Costa (1993), “ The Winning Number: Consumer Perceptions of Alpha-Numeric Brand Names,” *Journal of Marketing*, Vol.57, June, pp.85-98.

Peracchio, Laura A. and Alice M. Tybout(1996), “ The Moderating Role of Prior Knowledge in Schema-Based Product Evaluation,” *Journal of Consumer Research*, Vol.23, December, pp.177-192.

Porter, Michael E.(1985), *Competitive Advantage*, Free Press.

Quelch, John A. and L.R. Klein(1996), “ The Internet and International Marketing,” *Sloan Management Review*, Vol.37, No.3, pp.60-75.

Quelch, John A. and David Harding(1996), “ Brand versus Private Labels,” *Harvard Business Review*, January-February, pp.99-

109.

Reber, Arthur S.(1995), *Dictionary of Psychology*, Penguin Books.

Rettie, Ruth and Carol Brewer(2000), " The Verbal and Visual Components of Package Design, *Journal of Product and Brand Management*," Vol.9, No.1, pp.56-70.

Richardson, Alan(1994), *Individual Differences in Imaging: Their Measurement, Origins, and Consequences*, Baywood Publishing Company.

Ries, Al and Jack Trout(1981), *Positioning: The Battle for Your Mind*, McGraw-Hill Book Company.

Ries, Al and Laura Ries(1998), *The 11 Immutable Laws of Branding*, Harper Collins.

Ries, Al and Laura Ries(2000), *The 11 Immutable Laws of Internet Branding*, Harper Collins.

Schmitt, Bernd(1999), *Experiential Marketing*, Free Press.

Schmitt, Bernd(1995), " Issues of Corporate Identity in East Asia," *The Columbia Journal of World Business*, Winter, pp.28-36.

Schmitt, Bernd and Yigang Pan(1994), " Managing Corporate and Brand Identities in the Asia-Pacific Region," *California Management Review*, Vol.36, No.4, Summer, pp.32-48.

Schmitt, Bernd and Alex Simonson(1997), *Marketing Aesthetics*, Free Press.

Scott, Linda M.(1994), " Images in Advertising: The Need for a

Theory of Visual Rhetoric," *Journal of Consumer Research*, Vol.21, September, pp.252-273.

Selame, Elinor and Joe Selame(1988), *The Corporate Image*, John Wiley and Sons.

Sheikh, Anees A.(1983), *Imagery: Current Theory, Research, and Application*, John Wiley and Sons.

Shimp, Terence A.(2000), *Advertising Promotion*, Dryden Press.

Shocker, Allan D., Rajendra K. Srivastava and Robert W. Ruekert(1994), " Challenges and Opportunities Facing Brand Management: An Introduction to the Special Issue," *Journal of Marketing Research*, Vol.29, May, pp.149-158.

Simon, Carol J. and Mary W. Sullivan(1993) : " The Measurement and determinants of brand equity : A Financial approach," *Marketing Science.* Vol.12, No.1, Winter, pp.28-52.

Smith, Stephen M. and David R. Shaffer(2000), " Vividness Can Undermine or Enhance Message Processing: The Moderating Role of Vividness Congruency," *Personality and Social Psychology Bulletin*, Vol.26, No.7, July, pp.769-779.

Spaeth, Tony(1997), " New Faces: Symbol? Or Wordmark?," *Across the Board*, February, pp.27-32.

Spangenberg, Eric R., Ayn E. Crowley and Pamela W. Henderson(1996), " Improving the Store Environment: Do Olfactory Cues Affects Evaluations and Behaviors?," *Journal of Marketing*, Vol.60, April, pp.67-80.

Stobart, Paul(1994), *Brand Power*, Macmillan.

Sujan, Mita(1985), " Consumer Knowledge: Effects on Evaluation Strategies Mediating Consumer Judgments," *Journal of Consumer Research*, Vol.12, June, pp.31-46.

Sullivan, Mary W.(1992), " Brand Extensions: When to Use Them," *Management Science*, Vol.38, No.6, June, pp.793-806.

Sullivan, Mary W.(1998), " How Brand Names Affect the Demand for Twin Automobiles," *Journal of Marketing Research*, Vol.35, May, pp.154-165

Sujan, Mita, James R. Bettman, and Harish Sujan(1986), " Effects of Consumer Expectations on Information Processing in Selling Encounters," *Journal of Marketing Research,* Vol.23, November, pp.346-353.

Tauber, Edward M.(1981), " Brand Franchise Extension: New Product Benefits from Existing Brand Names," *Business Horizons*, No.2, March-April, pp.36-41.

Tauber, Edward M.(1988), " Brand Leverage: Strategy for Growth in A Cost-Control World," *Journal of Advertising Research*, Vol.28, August-September, pp.26-30.

Temporal, Paul and K. C. Lee(2001), *Hi-Tech Hi-Touch Branding*, John Wiley and Sons(Asia) Pte Ltd.

Tybout, Alice M. and Gregory S. Carpenter(2001), " Creating and Managing Brands," in D. Iacobucci(Ed.), *Kellogg on Marketing*, John Wiley and Sons, pp.74-102.

Unnava, H. Rao and Robert E. Burnkrant(1991), " An Imagery-

Processing View of the Role of Pictures in Print Advertisement," *Journal of Marketing Research*, Vol.28, May, pp.226-231.

Van Rie, Cees B.M. and John M.T. Balmer(1997), " Corporate Identity: the Concept, its Measurement and Management," *European Journal of Marketing*, Vol.31, No.5, pp.223-230.

Veryzer, Jr., Robert W. and J. Wesley Hutchinson(1998), " The Influence of Unity and Prototypicality on Aesthetic Responses to New Product Design," *Journal of Consumer Research*, Vol.24, March, pp.374-394.

Ward, Scott, Larry Light and Johathan Goldstine(1999), " What High-Tech Managers Need to Know About Brands," *Harvard Business Review*, July-August, pp.85-95.

Watkins, Trevor(1986), *The Economies of the Brand*, McGraw-Hill Book Company(UK) Limited.

Weilbacher, William M.(1993), *Brand Marketing*, NTC Business Books.

Yorkston, Eric A.(2000), *Construction through Deconstruction: A Compositional Approach to the Development of Brand Names*, Ph.D. Dissertation, New York University.

Yi, Youjae(1993), " Contextual Priming Effects in Print Advertisements: The Moderation Role of Prior Knowledge," *Journal of Advertising*, Vol. 22, No.1, March, pp.1-10.

Zeithaml, Valarie A. and Mary Jo Bitner(1997), *Services Marketing*, McGraw-Hill.

부　　록

〈설문지 유형 1〉 - 브랜드명의 관련성이 높고 브랜드 심볼의
기대가 높은 경우
　제품 유형 - 퀵서비스

설 문 지

안녕하십니까?

　저는 브랜드에 대한 소비자 반응에 관한 연구를 진행하고
있습니다.
　바쁘신 가운데에도 시간을 내시어 본 조사에 참여해 주셔
서 감사합니다.
　본 설문지는 브랜드에 대한 소비자 반응을 알아보기 위하
여 만들어진 설문지입니다. 주어진 설문지를 잘 읽으신 후 당
신께서 느끼시거나 생각하시는 대로 답해 주시면 됩니다. 그
리고 설문지 각 문항에는 정답이 없으므로 단지 여러분께서
생각하시는 바 그대로 답해 주시면 됩니다.
　설문지 모든 문항 하나 하나가 본 연구에서 매우 중요하오
니 다소 번거로우시더라도 빠짐없이 답하여 주시면 감사하겠
습니다. 당신께서 답하여 주시는 모든 내용은 모두 익명으로
처리되어 오로지 학문적인 연구에만 사용되오니 성의껏 답하
여 주시기 바랍니다.

　감사합니다.

▶다음의 질문 항목에 대하여 보기와 같이 답해 주시기 바랍니다.

< 보기 >

전혀 그렇지않다 / 보통 이다 / 매우 그렇다

보기 질문) 나는 낙천적인 사람이다?

| 1 | 2 | 3 | 4 | 5 | 6 | 7 |

▶다음은 정보통신부에서 벤처 인증을 받은 유망 중소 기업의 브랜드를 소개하는 광고입니다. 이 브랜드의 로고(Logo), 브랜드명(Brand Name), 광고 문구를 관심 있게 보아 주시기 바랍니다.

FastBird

　저희는 이번에 새로이 설립된 퀵서비스 벤처 업체입니다. 당신이 맡기시는 소화물을 어느 곳이든지 당신이 직접 가지고 가듯이 성심 성의껏 신속하고 안전하게 배달해 드리겠습니다. 당신이 전화 한 통화만 주시면 언제 어디든지 신속하게 달려 가겠습니다. 한 번 믿고 맡겨주십시오. 당신이 믿고 보다 빠르고 편리하게 이용할 수 있는 퀵서비스가 바로 저희입니다. FastBird 는 항상 당신의 가까운 곳에 있습니다.

전화만 주시면 빠르고 신속하게 달려 가겠습니다.
Tel: 02) 2214-7038
당신 생활의 빠른 동반자 FastBird

 정보통신부 벤처인증업체

▶다 보셨습니까? 그러면 다음 장으로 넘어가 주시기 바랍니다.

▶다음의 질문에 대하여 당신의 생각에 해당되는 숫자에 ✔표하여 주시기 바랍니다.
질문 1. 바로 앞 장에서 보신 브랜드 로고 및 브랜드에 대하여 답하여 주시기 바랍니다.

	전혀 그렇지않다			보통 이다			매우 그렇다
1. FastBird 로고가 퀵서비스 브랜드 로고로 적절한 로고이다?	1	2	3	4	5	6	7
2. FastBird 로고가 퀵서비스 브랜드 로고로 호감이 간다?	1	2	3	4	5	6	7
3. FastBird 로고는 퀵서비스 브랜드 로고로 흥미로운 로고이다?	1	2	3	4	5	6	7
4. FastBird 로고는 퀵서비스 브랜드 로고로 로고 (품질)수준이 높다?	1	2	3	4	5	6	7
5. FastBird 로고는 퀵서비스 브랜드 로고로 독특하다?	1	2	3	4	5	6	7
6. FastBird 로고는 퀵서비스 브랜드 로고로 전체적인 느낌이 좋다?	1	2	3	4	5	6	7
7. FastBird 는 퀵서비스 브랜드로 연상되는 것이 독특하다?	1	2	3	4	5	6	7
8. FastBird 는 퀵서비스 브랜드로 연상되는 것이 호감이 간다?	1	2	3	4	5	6	7
9. FastBird 는 퀵서비스 브랜드로 연상되는 것이 강하다?	1	2	3	4	5	6	7
10. FastBird 는 퀵서비스 브랜드로 전체적인 브랜드 이미지가 좋다?	1	2	3	4	5	6	7
11. FastBird 는 퀵서비스 브랜드로 적절한 브랜드이다?	1	2	3	4	5	6	7
12. FastBird 는 퀵서비스 브랜드로 독특한 브랜드이다?	1	2	3	4	5	6	7
13. FastBird 는 퀵서비스 브랜드로 흥미로운 브랜드이다?	1	2	3	4	5	6	7
14. FastBird 는 퀵서비스 브랜드로 좋은 브랜드이다?	1	2	3	4	5	6	7
15. FastBird 는 퀵서비스 브랜드로 마음에 든다?	1	2	3	4	5	6	7
16. FastBird 는 퀵서비스 브랜드로 호감이 가는 브랜드이다?	1	2	3	4	5	6	7
17. FastBird 는 퀵서비스 브랜드로서 전체적으로 좋은 브랜드이다?	1	2	3	4	5	6	7
18. FastBird 라는 퀵서비스 브랜드의 서비스 품질은 좋을 것이다?	1	2	3	4	5	6	7
19. FastBird 라는 퀵서비스 브랜드를 이용할 의향이 있다?	1	2	3	4	5	6	7

▶다음 문항들은 오토바이를 통한 퀵서비스에 대한 당신의 경험 및 지식 정도를 조사하기 위하여 작성되었습니다. 제시된 문항을 읽고 당신에 해당한다고 생각되는 번호나 숫자에 ✔표 하여 주시기 바랍니다.

20. 당신은 퀵서비스 광고를 TV, 신문, 잡지, 전단지, 인터넷 등에서 본 적이 있습니까?
　　① 예　　　　② 아니오

21. 당신은 퀵서비스를 이용해 본 경험이 있습니까?
　　① 있다　　　② 없다

22. 당신은 친구들과 비교해 보았을 때 퀵서비스에 대하여 익숙하다고 생각하십니까?

전혀 그렇지않다			보통이다			매우 그렇다
1	2	3	4	5	6	7

23. 당신은 퀵서비스의 이용 가격에 대하여 거리별, 시간별, 요일별로 잘 알고 있다고 생각하십니까?

전혀 그렇지않다			보통이다			매우 그렇다
1	2	3	4	5	6	7

24. 당신은 친구들과 비교했을 때 퀵서비스에 대하여 잘 알고 있다고 생각하십니까?

전혀 그렇지않다			보통이다			매우 그렇다
1	2	3	4	5	6	7

25. 당신은 퀵서비스를 이용할 때 고려해야 하는 중요한 서비스 요소에 대하여 명확히 알고 있다고 생각하십니까?

전혀 그렇지않다			보통이다			매우 그렇다
1	2	3	4	5	6	7

▶다음은 퀵서비스에 대한 당신의 상식을 알아보기 위한 문항입니다. 각 설명 문항이 맞다고 생각하시면 ①맞다에, 틀리다고 생각하시면 ②틀리다에 그리고 정확하게 알고 있지 않으신 경우나 모르시는 경우에는 ③잘 모르겠다에 ✔표하여 주시기 바랍니다.

26. 퀵서비스로 사람도 배달이 가능하다?
　　① 맞다　　　　② 틀리다　　　　③ 잘 모르겠다

27. 퀵서비스를 통해 서울에서 부산까지 배달이 가능하다?
　　① 맞다　　　　② 틀리다　　　　③ 잘 모르겠다

28. 퀵서비스 이용시 배달 화물이 가격이 50 만원 이상의 고가품일 때에는 별도의 추가 요금을 지불하여야 한다?
　　① 맞다　　　　② 틀리다　　　　③ 잘 모르겠다

29. 퀵서비스에서 사용되는 오토바이는 보통 퀵서비스 업체 소유이다?
　　① 맞다　　　　② 틀리다　　　　③ 잘 모르겠다

30. 지금까지 질문한 문항들을 대하여 응답을 하면서 당신이 생각하는 본 연구 내용이 무엇이라고 생각하십니까? 그리고 설문을 응답하면서 생각나는 것을 두서없이 자유롭게 적어 주시기 바랍니다.

(연구 내용: ______________________________________

____

생각나는 것: ____________________________________

____)

▶다음은 당신의 인구통계학적 자료를 얻기 위한 문항입니다. 해당되는 번호에 ✔표하여 주시기 바랍니다.

31. 당신의 나이는?
　　① 만 19 세 이하　② 만 20~25 세 사이　③ 만 26~30 세 사이
　　④ 만 31 세 이상

32. 당신의 성별은?
　　① 남　　② 여

33. 당신의 학력은?
　　① 고졸 이하　② 대학 1 년　③ 대학 2 년　④ 대학 3 년
　　⑤ 대학 4 년　⑥ 대학원　　⑦ 기타

마지막까지 조사에 협조해 주셔서 감사합니다.

<설문지 유형 2> - 브랜드명의 관련성이 높고 브랜드 심볼의
기대가 높은 경우
　제품 유형 - 컴퓨터스피커

설 문 지

안녕하십니까?

저는 브랜드에 대한 소비자 반응에 관한 연구를 하고 있습
니다.
바쁘신 가운데에도 시간을 내시어 본 조사에 참여해 주셔
서 감사합니다.
본 설문지는 브랜드에 대한 소비자 반응을 알아보기 위하
여 만들어진 설문지입니다. 주어진 설문지를 잘 읽으신 후 당
신께서 느끼시거나 생각하시는 대로 답해 주시면 됩니다. 그
리고 설문지 각 문항에는 정답이 없으므로 단지 여러분께서
생각하시는 바 그대로 답해 주시면 됩니다.
설문지 모든 문항 하나 하나가 본 연구에서 매우 중요하오
니 다소 번거로우시더라도 빠짐없이 답하여 주시면 감사하겠
습니다. 당신께서 답하여 주시는 모든 내용은 모두 익명으로
처리되어 오로지 학문적인 연구에만 사용되오니 성의껏 답하
여 주시기 바랍니다.

감사합니다.

▶다음의 질문 항목에 대하여 보기와 같이 답해 주시기 바랍니다.

< 보기 >

	전허 그렇지않다			보통 이다		매우 그렇다	
보기 질문) 나는 낙천적인 사람이다?	1	2	3	4	5	6	7

▶다음은 정보통신부에서 벤처 인증을 받은 유망 중소 기업의 브랜드를 소개하는 광고입니다. 이 브랜드의 로고(Logo), 브랜드명 (Brand Name), 광고 문구를 관심있게 보아 주시기 바랍니다.

저희는 이번에 새로이 설립된 컴퓨터용 스피커 제조 전문 벤처 업체입니다. 당신의 컴퓨터에 보다 좋은 사운드가 필요하시다면 저희 스피커를 찾아 주시기 바랍니다. 저희 스피커는 경제적인 가격에 완벽한 스테레오 기능과 저음, 중음, 고음을 모두 원음 그대로 깨끗하게 제공하고 있습니다. 그리고 유려한 디자인과 작은 크기는 여러분 컴퓨터와 잘 어울려 당신의 스타일을 한결 더 돋보이도록 해 줄 것입니다. TwinVolcanos에는 소리의 웅장함이 있습니다.

가까운 컴퓨터 매장에서 저의 스피커를 찾아 주시기 바랍니다.

당신 컴퓨터의 사운드 파트너 TwinVolcanos

 정보통신부 벤처인증업체

▶다 보셨습니까? 그러면 다음 장으로 넘어가 주시기 바랍니다.

▶다음의 질문들에 대하여 당신의 생각에 해당되는 숫자에 ✔표
하여 주시기 바랍니다.

질문 2. 바로 앞 장에 보신 브랜드 로고 및 브랜드에 대하여 답하
여 주시기 바랍니다.

	전혀 그렇지않다		보통 이다		매우 그렇다

1. TwinVolcanos 로고가 컴퓨터스피커 브랜드 로고로 적절한 로고이다?	1	2	3	4	5	6	7
2. TwinVolcanos 로고가 컴퓨터스피커 브랜드 로고로 호감이 간다?	1	2	3	4	5	6	7
3. TwinVolcanos 로고는 컴퓨터스피커 브랜드 로고로 흥미로운 로고이다?	1	2	3	4	5	6	7
4. TwinVolcanos 로고는 컴퓨터스피커 브랜드 로고로 로고 (품질)수준이 높다?	1	2	3	4	5	6	7
5. TwinVolcanos 로고는 컴퓨터스피커 브랜드 로고로 독특하다?	1	2	3	4	5	6	7
6. TwinVolcanos 로고는 컴퓨터스피커 브랜드 로고로 전체적인 느낌이 좋다?	1	2	3	4	5	6	7
7. TwinVolcanos 는 컴퓨터스피커 브랜드로 연상되는 것이 독특하다?	1	2	3	4	5	6	7
8. TwinVolcanos 는 컴퓨터스피커 브랜드로 연상되는 것이 호감이 간다?	1	2	3	4	5	6	7
9. TwinVolcanos 는 컴퓨터스피커 브랜드로 연상되는 것이 강하다?	1	2	3	4	5	6	7
10. TwinVolcanos 는 컴퓨터스피커 브랜드로 전체적인 브랜드 이미지가 좋다?	1	2	3	4	5	6	7
11. TwinVolcanos 는 컴퓨터스피커 브랜드로 적절한 브랜드이다?	1	2	3	4	5	6	7
12. TwinVolcanos 는 컴퓨터스피커 브랜드로 독특한 브랜드이다?	1	2	3	4	5	6	7
13. TwinVolcanos 는 컴퓨터스피커 브랜드로 흥미로운 브랜드이다?	1	2	3	4	5	6	7

		전혀 그렇지않다			보통 이다			매우 그렇다
14. TwinVolcanos 는 컴퓨터스피커 브랜드로 좋은 브랜드이다?	1	2	3	4	5	6	7
15. TwinVolcanos 는 컴퓨터스피커 브랜드로 마음에 든다?	1	2	3	4	5	6	7
16. TwinVolcanos 는 컴퓨터스피커 브랜드로 호감이 가는 브랜드이다?	1	2	3	4	5	6	7
17. TwinVolcanos 는 컴퓨터스피커 브랜드로서 전체적으로 좋은 브랜드이다?	1	2	3	4	5	6	7
18. TwinVolcanos 라는 컴퓨터스피커 브랜드의 서비스 품질은 좋을 것이다?	1	2	3	4	5	6	7
19. TwinVolcanos 라는 컴퓨터스피커 브랜드를 이용할 의향이 있다?	1	2	3	4	5	6	7

▶다음 문항들은 컴퓨터스피커에 대한 당신의 경험 및 지식 정도
를 조사하기 위하여 작성되었습니다. 제시된 문항을 읽고 당신에
해당한다고 생각되는 번호나 숫자에 ✔표 하여 주시기 바랍니다.

20. 당신은 컴퓨터스피커 광고를 TV, 신문, 잡지, 전단지, 인터넷
    등에서 본 적이 있습니까?
    ① 예　　　　② 아니오

21. 당신은 컴퓨터스피커를 직접 구매해 보신 경험이 있습니까?
    ① 예　　　　② 아니오

22. 당신은 친구들과 비교해 보았을 때 컴퓨터스피커에 대하여
    익숙하다고 생각하십니까?

전혀 그렇지않다			보통이다			매우 그렇다
1	2	3	4	5	6	7

23. 당신은 컴퓨터스피커의 기능별, 성능별, 제품 유형별 가격에
    대하여 잘 알고 있다고 생각하십니까?

전혀 그렇지않다			보통이다			매우 그렇다
1	2	3	4	5	6	7

24. 당신은 친구들과 비교했을 때 컴퓨터스피커에 대하여 잘 알
    고 있다고 생각하십니까?

전혀 그렇지않다			보통이다			매우 그렇다
1	2	3	4	5	6	7

25. 당신은 컴퓨터스피커를 구매할 때 고려해야 하는 중요한 제
    품 특성에 대하여 명확히 알고 있다고 생각하십니까?

전혀 그렇지않다			보통이다			매우 그렇다
1	2	3	4	5	6	7

▶다음은 컴퓨터스피커에 대한 당신의 상식을 알아보기 위한 문항입니다. 각 설명 문항이 맞다고 생각하시면 ①맞다에, 틀리다고 생각하시면 ②틀리다에 그리고 정확하게 알고 있지 않으신 경우나 모르시는 경우에는 ③잘 모르겠다에 ✔표하여 주시기 바랍니다.

26. 컴퓨터스피커의 성능은 순간최대출력(Watts PMPO)이 높을수록 좋다?
　① 맞다　　　② 틀리다　　　③ 잘 모르겠다

27. 컴퓨터스피커는 스피커의 유닛(unit)별로 사운드가 나뉘어져 표현되므로 웨이(Way) 수가 많을수록 음질이 좋다?
　① 맞다　　　② 틀리다　　　③ 잘 모르겠다

28. 컴퓨터스피커에 있는 우퍼는 저음을 재생하고 트위터는 고음을 재생하는 역할을 한다?
　① 맞다　　　② 틀리다　　　③ 잘 모르겠다

29. 컴퓨터스피커의 음질은 컴퓨터스피커보다 사운드카드에 의하여 좌우된다?
　① 맞다　　　② 틀리다　　　③ 잘 모르겠다

30. 지금까지 질문한 문항들을 대하여 응답을 하면서 당신이 생각하는 본 연구 내용이 무엇이라고 생각하십니까? 그리고 설문을 응답하면서 생각나는 것을 두서없이 자유롭게 적어 주시기 바랍니다.

(연구 내용: ＿＿＿＿＿＿＿＿＿＿＿＿＿＿＿＿＿＿＿＿＿

＿＿＿＿＿＿＿＿＿＿＿＿＿＿＿＿＿＿＿＿＿＿＿＿＿

생각나는 것: ＿＿＿＿＿＿＿＿＿＿＿＿＿＿＿＿＿＿＿

＿＿＿＿＿＿＿＿＿＿＿＿＿＿＿＿＿＿＿＿＿＿＿＿)

▶다음은 당신의 인구통계학적 자료를 얻기 위한 문항입니다. 해당되는 번호에 ✔표하여 주시기 바랍니다.

31. 당신의 나이는?
　　① 만 19 세 이하　② 만 20~25 세 사이　③ 만 26~30 세 사이
　　④ 만 31 세 이상

32. 당신의 성별은?
　　① 남　　② 여

33. 당신의 학력은?
　　① 고졸 이하　② 대학 1 년　③ 대학 2 년　④ 대학 3 년
　　⑤ 대학 4 년　⑥ 대학원　　⑦ 기타

마지막까지 조사에 협조해 주셔서 감사합니다.

♣ 저자

● 정강옥(丁康鈺)　　약력
　　　　　　　　　　연세대학교 상경대학 경영학과 졸업
　　　　　　　　　　연세대학교 대학원 경영학 석사
　　　　　　　　　　연세대학교 대학원 경영학 박사
　　　　　　　　　　한국마케팅관리학회 이사
　　　　　　　　　　한국경영학회, 한국마케팅학회, 한국소비자학회,
　　　　　　　　　　한국광고학회, 한국유통학회, 대한경영학회 회원
　　　　　　　　　　연세대학교 경영연구소 선임연구원
　　　　　　　　　　연세대학교 경영학과 강사
　　　　　　　　　　(현) 한남대학교 경영학과 교수

　　　　　　　　　　주요 논저
　　　　　　　　　　유통업자 브랜드와 제조업자 브랜드 제휴에 대한 소비자 반응 연구
　　　　　　　　　　제품의 내적 및 외적 속성 전형성에 따른 소비자 반응 연구
　　　　　　　　　　유통업체브랜드 구매 의도 및 선행 변수와의 관계에 관한 연구
　　　　　　　　　　영어 브랜드명의 음성 상징에 대한 소비자 반응 연구
　　　　　　　　　　바람직한 상호변경에 관한 탐색적 연구
　　　　　　　　　　On and Offline Marketing (공역)
　　　　　　　　　　외 다수

브랜드 구성요소에 대한 소비자 반응 연구
- 브랜드명과 심볼을 중심으로 -

· 초판인쇄　2005 년 3 월 2 일
· 초판발행　2005 년 3 월 3 일

· 지 은 이　정강옥
· 펴 낸 이　채종준
· 펴 낸 곳　한국학술정보㈜
　　　　　　경기도 파주시 교하읍 문발리
　　　　　　파주출판문화정보산업단지 526-2
　　　　　　전화　031)908-3181(대표) · 팩스　031)908-3189
　　　　　　홈페이지　http://www.kstudy.com
　　　　　　e-mail(e-Book 사업부)　ebook@kstudy.com

· 등　　록　제일산-115 호(2000.6.19)
· 가　　격　25,000원

　　　　ISBN　　89-534-2015-6 93320 (paper book)
　　　　　　　　89-534-2016-4 98320 (e-book)